W0179913

Einbruchschutz
Sicherheit für Haus und Wohnung

Marius von der Forst, Markus Fasse

Einbruch-schutz

Sicherheit für Haus und Wohnung

Inhaltsverzeichnis

10

Zahlen und Fakten: So entwickelt sich die Einbruchskriminalität

132

Elementargefahren werden oft unterschätzt.

24

Achten Sie darauf, Fenster und Türen richtig zu schließen.

42

Hilfe vom Profi: Mit der
Polizei Schwachstellen
ausfindig machen

117

Ein Einbruch kann tiefe Spuren
hinterlassen. Erfahren Sie, was
Sie tun können.

76

Clevere Helfer: Alarman-
lage und Smart-Home-
Technik sorgen für mehr
Sicherheit.

Was wollen Sie wissen?

Immer mehr Einbrüche in Häuser und Wohnungen – da kann man leicht verzweifeln. Aber geben Sie nicht gleich auf. Der folgende Schnelleinstieg zeigt Ihnen, wie dieses Buch Ihnen bei Fragen rund um den Einbruch- und Katastrophenschutz weiterhelfen kann.

Was mache ich, sobald ich die Polizei von einem Einbruch informiert habe?

Die wichtigste Regel lautet: Nichts anfassen, keine Spuren verunreinigen! Achten Sie darauf, dass nicht noch mehr unbefugte Personen über die beschädigten Türen und Fenster einsteigen können. Während Sie auf die Polizei warten, können Sie bei Nachbarn fragen, ob diese etwas Auffälliges beobachtet haben. Auch verdächtige Situationen an den Vortagen können den Ordnungshütern bei ihren Ermittlungen helfen.

Nach der Freigabe durch die Polizei rufen Sie am besten Handwerker an, die Ihr Zuhause mindestens provisorisch wieder sichern können.

Verschaffen Sie sich dann einen ersten Eindruck. Was fehlt? Was wurde zerstört? Notieren Sie sich alles so genau wie möglich. Auch erste Fotos sollten zur Beweissicherung aufgenommen werden. Rufen Sie schließlich Ihre Versicherung an. Informieren Sie sie über das, was geschehen ist und geben Sie an, was auf den ersten Blick gestohlen oder zerstört wurde. Fragen Sie Ihre Versicherung, was Sie nun tun sollen, um die Leistungen voll und ganz in Anspruch nehmen zu können. Ausführlichere Hinweise, wie Sie sich nach einem Einbruch verhalten sollten, finden Sie ab Seite 90.

Wie wahrscheinlich ist es überhaupt, dass bei mir eingebrochen wird?

Bei knapp 170 000 Wohnungseinbruchdelikten pro Jahr wird im Schnitt in Deutschland alle drei Minuten irgendwo eingebrochen (siehe ab Seite 10). Bei rund 40 Millionen Haushalten in Deutschland ist die rechnerische Wahrscheinlichkeit also relativ gering, dass es gerade Sie trifft – dennoch kann es jeden treffen. Geben Sie sich nicht der Illusion hin zu glauben, dass es bei Ihnen ja nichts zu holen gibt. Die Einbrecher gehen nämlich vom Gegenteil aus und erhoffen sich reiche Beute. Sind dann noch Fenster und Türen schlecht gesichert, ist es nur ein Frage der Zeit, bis die Kriminellen es auch bei Ihnen versuchen.

Darf ich die Polizei auch dann rufen, wenn ich mir unsicher bin, ob gerade bei meinen Nachbarn eingebrochen wird?

Ja! Sollte Ihnen irgendwas komisch vorkommen, zögern Sie bitte nicht, die 110 anzurufen. Verdächtige fremde Personen, die durch die Straßen schlendern? Lichter von Taschenlampen, die durch die dunklen Räume der Nachbarn zucken? Ein Auto mit fremdem Nummernschild, das wiederholt an einer Ecke steht mit zwielichtigen Personen darin? Die Polizei ist rund um die Uhr für Ihre Sicherheit da! Besonders dann, wenn Informationen „frisch" sind, können die Einsatzkräfte am meisten tun. Viele Einbrecher werden gerade deshalb geschnappt, weil aufmerksame Nachbarn und Anwohner frühzeitig die Ordnungshüter alarmieren. Allerdings: Sollten Sie lediglich Fragen rund um das Thema Einbruch haben, wenden Sie sich lieber an die normale Rufnummer Ihrer Polizeibehörde vor Ort. Sie finden Sie im Telefonbuch unter „Polizei". Ansonsten lesen Sie alle Informationen und Tipps rund um das richtige Verhalten ab Seite 110.

Reicht zur Abschreckung eine Alarmanlage?

Leider nein! Alarmanlagen können sogar als Hinweis verstanden werden, dass ein Einbruch sich hier besonders lohnen würde. Ohnehin dauert ein Einbruch nur wenige Minuten – eine gellende Alarmanlage ist da wenig abschreckend. Bis die Polizei vor Ort ist, sind die Einbrecher schon längst wieder über alle Berge. Auch Attrappen helfen wenig: Etwas versierte Kriminelle erkennen den Schwindel sofort und lassen sich dadurch nicht von ihrem Vorhaben abhalten. Mehr zum Thema Alarmanlagen und Attrappen finden Sie ab Seite 76.

Wie sollte ich mich verhalten, wenn ich zu Hause bin und bei mir gerade ein Einbruchversuch stattfindet?

Zunächst einmal: Bewahren Sie Ruhe und rufen Sie sofort die Polizei. Versuchen Sie, aus sicherer Entfernung möglichst detaillierte Angaben über die Einbrecher zu machen: Farbe, Marke und Typ des Fluchtwagens, Nummernschild, Informationen zu den Tätern wie Kleidung, körperliche Merkmale und vielleicht sogar Sprache. Machen Sie auf sich aufmerksam, indem Sie Lichter einschalten und Lärm verursachen, aber ohne sich den Einbrechern in den Weg zu stellen. Die Ganoven wollen nicht entdeckt werden, und wenn es doch geschieht, flüchten sie in 80 Prozent der Fälle. Wenn Sie ihnen dann im Wege stehen, kann das unter Umständen sehr gefährlich werden. Viele Einbrecher scheuen sich nicht Gewalt anzuwenden, um die Flucht ergreifen zu können. Notwehr ist die Verteidigung gegen einen solchen Angriff. Sie dürfen aber nur das jeweils geringste Maß an Gewalt anwenden und der Angriff muss gegenwärtig stattfinden. Mehr Informationen zum Thema Notwehr finden Sie ab Seite 113.

Kann es zu einem Problem werden, wenn die Versicherungssumme des Hausrats zu gering ist?

Wenn Sie die Hausratversicherung nie in Anspruch nehmen müssen, ist das kein Problem. Doch in einem Schadensfall – insbesondere einem relativ teuren – schaut sich der Versicherer Ihren Hausrat genauer an. Er wird Ihre Gegenstände und Wertsachen immer nach dem Neuwert berechnen. Ein geschenkter alter Massivholzschrank wird von der Versicherung immer weit höher bewertet, als Sie für einen preiswerten Ersatz bezahlen würden. Unter Umständen haben Sie Ihren Hausrat also falsch kalkuliert, sodass die Versicherungssumme zu niedrig ist. Hier spricht man von Unterversicherung. Es besteht die Gefahr, dass Sie im Schadensfall weit weniger Leistungen erhalten, als Sie eigentlich benötigen. Was Sie tun können, um Unterversicherung zu vermeiden, erfahren Sie ab Seite 92.

Muss ich mein Haus in jedem Falle gegen Hochwasserschäden versichern?

Es empfiehlt sich durchaus, das Haus gegen Hochwasserschäden versichern zu lassen. Selbst dann, wenn man in einer Gegend wohnt, die eigentlich nie ein Hochwasser hatte. Denn zum einen bietet eine solche Elementarversicherung Schutz gegen andere außergewöhnliche Naturgefahren – wie zum Beispiel Erdbeben oder Schneedruck. Außerdem kann ein Starkregen auch dort vorkommen, wo Hochwasser relativ selten zu finden ist. Die Statistik zeigt, dass Naturgefahren in letzter Zeit häufiger auftreten als in den letzten Jahrzehnten und in Zukunft noch zunehmen werden (siehe ab Seite 132).
Eine Elementarversicherung können Sie vor allem im Rahmen einer Wohngebäudeversicherung abschließen. Mehr dazu finden Sie ab Seite 100.

Wie gefährdet ist Ihr Zuhause?

Die Haustür ist offen und in der Wohnung herrscht das Chaos. Alle Schubladen wurden durchwühlt, ihr Inhalt liegt quer über den Fußboden verteilt. Sofort ist klar: Es wurde eingebrochen! Was viele immer nur bei anderen vermuten, kann jeden treffen.

Wir hoffen natürlich sehr, dass dieses erschreckende Szenario für Sie nicht zur Realität wird.

Oft geschieht es aber, wenn man „nur kurz einmal weg war", etwa beim Einkaufen oder bei einem Arzttermin um die Ecke. Fremde Personen im Hausflur? Hat keiner gesehen. Ohnehin sind es selten auffällig düster gekleidete Männer samt Sturmhaube, die bisweilen nachts mit dem Brecheisen durch das Fenster steigen. Immer häufiger geschehen Wohnungseinbrüche – auch am hellen Tag – von ganz normal wirkenden Menschen.

Eine relativ neue und unauffällige Methode stellt der Einsatz von akkubetriebenen Lötkolben dar. Mit denen lassen sich völlig geräuschlos Löcher in Fenster- oder Türrahmen aus Kunststoff brennen. Mit ein paar Kenntnissen über den Aufbau der Mechanik gelangen die Täter an den im Inneren des Rahmens befindlichen Schließmechanismus und entsperren diesen ganz einfach. Etwas aufwendiger, aber auch gerne angewandt: Die Einbrecher schieben eine Drahtschlinge durch das eingebrannte Loch, um damit von innen den Tür- oder Fenstergriff zu bewegen.

Deutschland, das Einbrecher-Eldorado

Um künftig optimal geschützt zu sein, sollte man die Gegenwart kennen. Immerhin präsentieren Polizei und Kriminalämter, Versicherer und Forschungsstellen jährlich aktuelle Zahlen.

Immerhin etwas beruhigend: Es gibt Länder, in denen bezogen auf die Einwohnerzahl noch häufiger eingebrochen wird. Die Bundesrepublik stand im internationalen Vergleich zuletzt nicht unmittelbar an oberster Position. So kommen in Deutschland auf 100 000 Einwohner 175 Einbrüche. Zum Vergleich: Italien schafft 395, Belgien sogar 724 Delikte pro Jahr und 100 000 Bewohner. Dies belegten im Jahr 2012 die Zahlen von Eurostat, dem Statistikbüro der EU.

Dennoch: Aktuellere Erhebungen der deutschen Polizei belegen wieder einen sprunghaften Anstieg bei Wohnungseinbrüchen innerhalb der letzten sechs Jahre. Anders als die meisten anderen Straftaten nimmt der Tatbestand des Wohnungseinbruchs regelmäßig zu. Für 2015 zählte die Polizei 167 136 dieser Delikte. Im Schnitt wird bundesweit also 19 Mal pro Stunde eingebrochen – etwa alle drei Minuten sucht ein ungebetener Gast eine fremde Behausung heim.

Aber wieso ist Deutschland bei Einbrechern aktuell so beliebt? Konkret begann der Trend im Jahre 2006 und nahm spätestens im Jahr 2009 richtig Fahrt auf. Tatsächlich ermittelten Ökonomen des Zentrums für Europäische Wirtschaftsforschung bereits im Jahr 2000, dass komplexe wirtschaftliche Rahmenbedingungen dafür sorgen, dass die Zahl der Einbrüche in die Höhe schießt. Könnte also der eigene Erfolg eine Mitschuld tragen? Immerhin wuchs 2006 das Bruttoinlandsprodukt rasant an. Und tatsächlich: Im Jahr 2015 wurde im Vergleich zu 2006 um 60 Prozent häufiger in Deutschland eingebrochen. Vereinfacht gesagt bedeutet das: Wo es viel zu holen gibt, wird auch häufiger eingebrochen. Das heißt aber nicht auch automatisch, dass nur in den Gegenden eingebrochen wird, wo die reichen Mitglieder der Gesellschaft leben. Dort, wo sozial schwächere Menschen leben, wird ebenfalls überdurchschnittlich oft eine fremde Wohnung ausgeraubt. Auf der anderen Seite sind die nackten Zahlen kein Trost für diejenigen, die sich nach einem Einbruch in ihren eigenen vier Wänden nicht mehr sicher fühlen. Doch wer sind die Menschen, die ungebeten in intimste Lebensbereiche anderer eindringen?

→ Alarmierende Zahlen

2015: Im letzten Erhebungszeitraum zählte die Polizei 167 136 Wohnungseinbrüche (+ 9,9 % gegenüber dem Vorjahr, Quelle: PKS 2015).

Meistens deutsche Verbrecher

Die Polizei belegt mit ihren aktuellen Zahlen: 59,8 Prozent der Tatverdächtigen haben die deutsche Staatsbürgerschaft. Damit geht ein Großteil der Gefahr von Einheimischen aus. Das bedeutet im Umkehrschluss, dass 40,2 Prozent der Täter Nichtdeutsche sind und laut Kriminalstatistik sind davon wiederum nur 10,2 Prozent legale Zuwanderer. Heißt: 30 Prozent dieser Personen sind reisende Einbrecher. Sie kommen laut Polizeibericht hauptsächlich aus Serbien, Rumänien, Türkei, Albanien, Polen und Georgien.

Interessant dabei ist, dass die Tätergruppen aus Osteuropa laut der Ermittler durch ihre professionellere Vorgehensweise auffallen. Zum einen erzielen sie im Schnitt höhere Beuten mit einem deutlich höheren Gesamtwert. Zum anderen gehen sie bei ihren Einbrüchen gezielter vor und durchsuchen beispielsweise die Schubladen effizient von unten nach oben. Auch suchen sich diese Täter vermehrt Objekte mit günstiger Verkehrsanbindung zur nächsten Hauptstraße aus. Allerdings sind es auch nicht immer die Fremden, die das eigene Heim gefährden.

100
VON HUNDERT EINBRECHERN...

... haben **60** Täter die deutsche Staatsangehörigkeit.

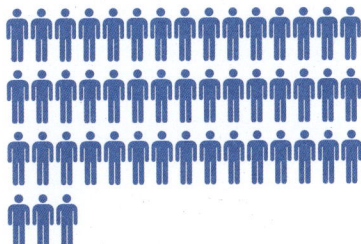

... handeln **48** Täter allein.

... sind **12** Konsumenten harter Drogen.

Quelle: Polizeiliche Kriminalstatistik

Einbruch: Nur in der dunklen Jahreszeit?

Viele fragen sich: Gibt es eine spezielle Zeit im Jahr, in der die Einbrecher häufiger zuschlagen? Und wer sind die Täter überhaupt? Die Polizei kennt die genauen Zahlen.

Das Landeskriminalamt in Düsseldorf kommt in einer aktualisierten Fallstudie mit Zahlen aus den Jahren 2011 und 2012 zu einer weiteren, äußerst interessanten Erkenntnis: In 47,7 Prozent der 10 000 untersuchten Fälle kannten sich Täter und Opfer bereits vor der Tat. Bedeutet: Die Täter sind häufig eben auch Familienangehörige, Verwandte, ehemalige Partner, Arbeitskollegen oder Nachbarn.

Ob nun bekannt oder unbekannt, deutscher oder eingereister Einbrecher: Die meisten sind nicht auf eine Konfrontation aus. Das ist beruhigend, und laut einer Untersuchung des LKA NRW fliehen die meisten Verbrecher (84,4 Prozent), sollten sie bei ihrer Tat entdeckt werden. Dennoch empfehlen die offiziellen Stellen, sich den Tätern nicht in den Weg zu stellen, sondern lieber sofort die Polizei zu alarmieren.

Schnell und leise

Eines haben die Ganoven nämlich garantiert nicht: Zeit. Daher bleibt es bei fast der Hälfte (42,7 Prozent) der Taten beim Einbruchsversuch. Die meisten Täter geben nach zwei bis fünf Minuten einen Versuch als gescheitert auf – und ziehen weiter zur nächsten Wohnung.

Die Mitarbeiter des Kriminologischen Forschungsinstituts Niedersachsen beschäftigten sich ebenfalls eingehend mit dem Phänomen Wohnungseinbruchdiebstahl. Die Forscher kamen unter anderem zu dem Ergebnis, dass bei den meisten gescheiterten Einbruchsversuchen (52,8 Prozent) eine sichere Tür den Bruch verhinderte. Bei rund einem Drittel der Versuche störten anwesende Personen die Gauner außerhalb der Wohnung, etwa im Flur. Ein Viertel der gescheiterten Einbrüche war gesicherten Fenstern zu verdanken. Nur selten benutzen Einbrecher rohe Gewalt. Fenster einschlagen, Türen eintreten – all diese brachialen Methoden erzeugen zu viel Lärm. Das Risiko entdeckt zu werden, steigt dabei erheblich.

Und ob nun aufmerksamere Nachbarn oder gut gesicherte Türen und Fenster: Die Polizei stellt fest, dass „über den Zeitraum von 15 Jahren der Anteil von vollendeten Fällen stetig gesunken ist. Dies könnte durchaus auf Verbesserungen der Sicherungs-

Deutschland in Zahlen

Wo wird eigentlich am häufigsten eingebrochen? Und hat die Polizei die Lage im Griff? Das sind die Zahlen der wichtigsten Städte Deutschlands:

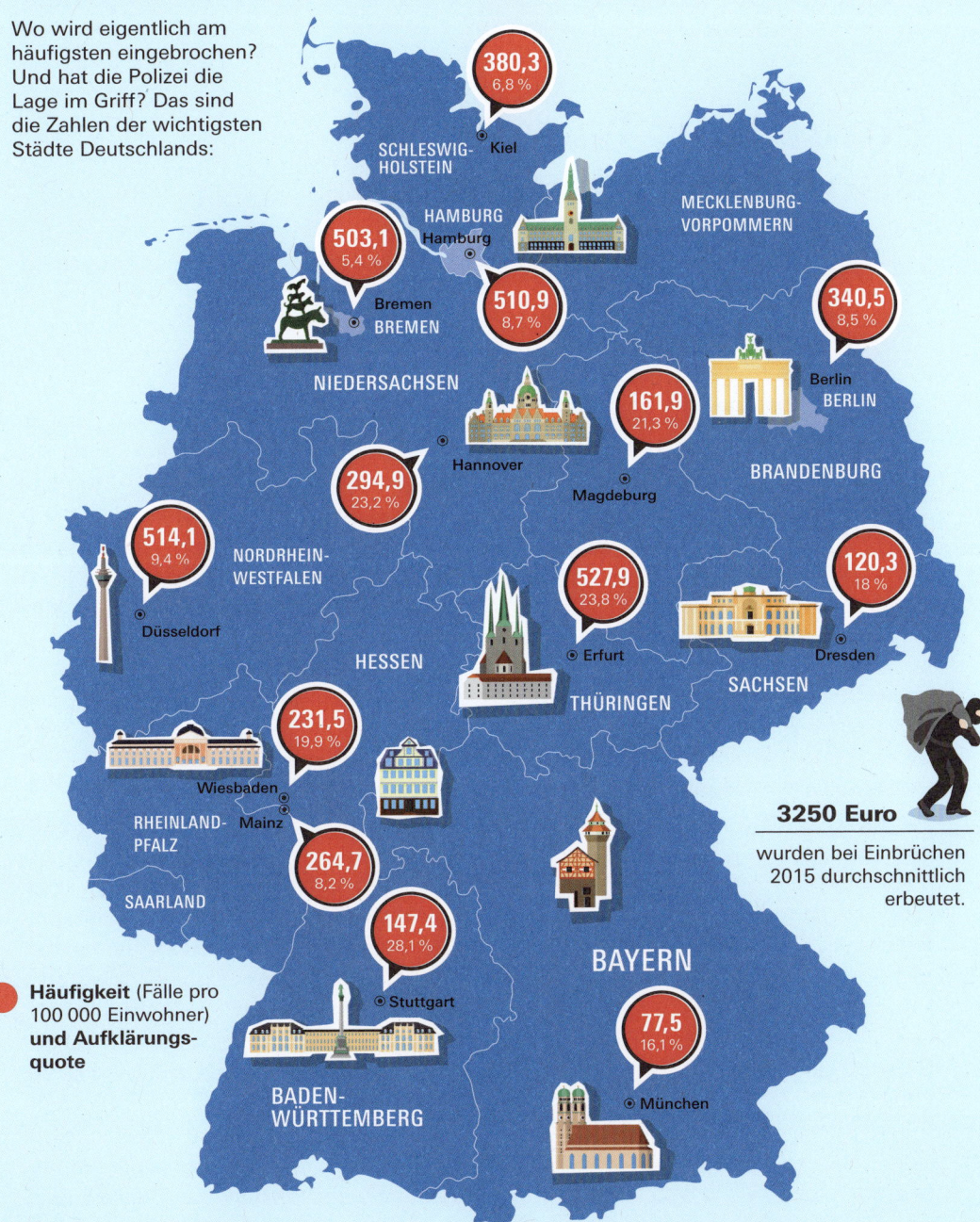

SCHLESWIG-HOLSTEIN
- 380,3 / 6,8 % — Kiel

HAMBURG
- 510,9 / 8,7 % — Hamburg

MECKLENBURG-VORPOMMERN

BREMEN
- 503,1 / 5,4 % — Bremen

NIEDERSACHSEN
- Hannover

BERLIN
- 340,5 / 8,5 % — Berlin

NORDRHEIN-WESTFALEN
- 294,9 / 23,2 %

BRANDENBURG
- 161,9 / 21,3 % — Magdeburg

- 514,1 / 9,4 % — Düsseldorf

HESSEN

THÜRINGEN
- 527,9 / 23,8 % — Erfurt

SACHSEN
- 120,3 / 18 % — Dresden

RHEINLAND-PFALZ
- 231,5 / 19,9 % — Wiesbaden
- Mainz

SAARLAND
- 264,7 / 8,2 %

- 147,4 / 28,1 % — Stuttgart

BAYERN
- 77,5 / 16,1 % — München

BADEN-WÜRTTEMBERG

🔴 **Häufigkeit** (Fälle pro 100 000 Einwohner) **und Aufklärungsquote**

3250 Euro wurden bei Einbrüchen 2015 durchschnittlich erbeutet.

Quelle: Polizeiliche Kriminalstatistik 2015, Bericht Gesamtverband der Deutschen Versicherungswirtschaft 2015

DER TÄTER IM PROFIL

Einbrecher gibt es in allen Gesellschaftsschichten. Allerdings lassen sich laut Polizei statistische Schwerpunkte feststellen. Der statistische Einbrecher …

… ist männlich.

… ist über 21 Jahre alt.

… hat die deutsche Staatsangehörigkeit.

… ist bereits polizeilich bekannt (nicht unbedingt wegen Einbruchs).

… schlägt am häufigsten in Nordrhein-Westfalen zu.

… vermeidet, solange es geht, die Konfrontation.

maßnahmen im privaten Bereich gegen Wohnungseinbruch beruhen." Die Polizeiliche Kriminalstatistik 2015 weist einen Versuchsanteil von 42,7 Prozent aus (von den insgesamt 167 163 angezeigten Einbrüchen), bei denen die Täter nicht erfolgreich waren. Zehn Jahre zuvor, im Jahr 2005, lag der Anteil bei nur 36,6 Prozent.

Kurz: Die Zahl der Einbrüche nimmt zwar zu – die Täter kommen aber auch immer schwieriger an die Beute heran. Das ist – für den Einzelnen – unter dem Strich eine gute Entwicklung: Die Chance, einem Einbruch aus dem Weg zu gehen, ist mit entsprechenden Vorkehrungen sehr gut. Trotzdem vernachlässigen viele den Eigenschutz beinahe schon sträflich und machen es den Einbrechern viel zu einfach: Die meiste Sicherheitstechnik, wenn überhaupt ein gesonderter Schutz vorhanden ist, ist hoffnungslos veraltet. Wohnungstüren etwa, die von außen keinen sichtbaren, mechanischen Schutz aufweisen, werden gerne als erstes Ziel in Angriff genommen. Bei derart ungesicherten Türen benötigen Einbrecher keine 15 Sekunden, um sie mit einem handelsüblichen Schlitzschraubendreher und nahezu geräuschlos aufzuhebeln. Kein Wunder also, dass die Einbruchzahlen im letzten Jahr weiter gestiegen sind. Dabei sind die Kosten für einen grundlegenden Schutz überschaubar (siehe Seite 52). Niemand kann sein Heim dauerhaft selbst bewachen. Und die Ganoven probieren es nahezu zu jeder Tages- und Nachtzeit – und zwar das gesamte Jahr über.

Das Böse schläft nie –
Einbrüche bei Tag und Nacht

Traurig, aber wahr: Nicht nur bei Abwesenheit schlagen die Ganoven zu. Wann sie kommen und wie Sie sich dagegen schützen, lesen Sie hier.

Einbrüche geschehen nicht nur im Winter oder während der Dunkelheit. Aktuelle Zahlen belegen, dass über das ganze Jahr Einbrüche begangen werden.

Die kriminellen Bemühungen nehmen allerdings in den Wintermonaten massiv zu: So verzeichnet die Polizei ab den Monaten Oktober, November und Dezember einen Zuwachs an ungeklärten Einbruchsdelikten. Bis zum Frühjahr des Folgejahrs nimmt die Zahl der nicht geklärten Einbrüche ab, bis sie sich über den Sommer auf etwa gleicher Höhe mit den aufgeklärten Delikten befindet. Der Grund liegt auf der Hand: Während der Herbst- und Wintermonate ist es tagsüber länger dunkel. Eben auch dann, wenn die betroffenen Bewohner noch ihrer geregelten Arbeit nachgehen, ist es morgens noch finster oder gegen Nachmittag bereits wieder dunkel. Das Risiko, im Schutz der Dämmerung beim Einbruch entdeckt zu werden, ist geringer als während der langen Sonnenstunden im Sommer. Beweise für den Einfluss der Lichtverhältnisse liefert einmal mehr die Kriminalstatistik: Die Anzahl der aufgeklärten Fälle ist bei Helligkeit um fast 12 Prozent höher als bei Dunkelheit (siehe „Fallzahlen pro Tatmonat", Seite 19 oben).

→ Ausbaldowert

Jemand zu Hause? Laut LKA Düsseldorf ist in der Regel keiner da, wenn die Einbrecher zuschlagen.

Oder anders gesagt: Wer im Dunkeln einsteigt, hat eine bessere Chance nicht erwischt zu werden. Ideale Bedingungen also für Einbrecher, die sich ein Zielobjekt ausgeguckt haben, dessen Bewohner einem geregelten Job nachgehen: Fast die Hälfte der Einbrüche (42,1 Prozent) findet am Tage statt. Daher ist ebenfalls nicht verwunderlich, dass die Ganoven am Wochenende eher eine Pause einlegen – die Bewohner sind zu der Zeit eher daheim als unter der Woche. Haben es die Verbrecher dennoch unbemerkt in die fremden Räumlichkeiten geschafft, erbeuten sie teils ordentliche Summen, wie der Gesamtverband der Deutschen Versicherungswirtschaft für das letzte Jahr vermeldet.

Wie wird eingebrochen?

Einfamilienhäuser:
meist über Fenstertüren und Fenster.

Mehrfamilienhäuser:
meist über Wohnungs-
türen und leicht erreichbare
Fenster und Fenstertüren.

Quelle: Polizeiliche Kriminalprävention Stuttgart

Klein und wertvoll

Entwarnung für Hi-Fi- und TV-Fans: Die teuren Großgeräte eines Haushalts stehen nur an fünfter Stelle der begehrtesten Diebesgüter (siehe dazu die „Hitliste der Diebesgüter", Seite 20). Laut GDV klauen Einbrecher viel lieber Schmuck, Uhren, Geld und elektronische Kleingeräte wie beispielsweise Smartphones, Handys und Kameras. Wegen ihres hohen Wiederverkaufswerts sind diese Waren neben Bargeld besonders beliebt. Darüber hinaus sind sie viel einfacher zu entwenden: Euronoten und Münzen, Handy und die teure Rolex passen in nahezu jede Jackentasche. Der Ganove ist ohne großen Beutel beweglicher und fällt bei entsprechender Kleidung überhaupt nicht auf.

Hinzu kommt ein Trend, der Einbrechern zunehmend Freude bereitet: Seit öffentlich um die Stabilität des Euro gestritten wird und es auf der Bank ohnehin keine Zinsen aufs Ersparte mehr gibt, steigt das Misstrauen in die Sicherheit der Banken. Da kommt manch einer auf die Idee, das Geld doch gleich selbst aufzubewahren. Leider sind die Geldverstecke zu Hause nicht gerade sicher.

→ Keine Aussicht bei Bestechung

Geld als Besänftigung hinlegen, um Schlimmeres zu verhindern? Das hat laut der Polizei selten Aussicht auf Erfolg.

Laut dem Gesamtverband der Versicherer liegt der durchschnittliche Schaden nach einem einzelnen Einbruch bei 3250 Euro. Dieser Wert ist zudem seit Jahren konstant – ganz anders der Durchschnitt bei den ausgezahlten Versicherungsleistungen. Logisch, denn die Anzahl der Einbrüche nimmt vehement zu. So mussten die Versicherer im letzten Jahr rund 530 Millionen Euro berappen. Das sind 51 Prozent mehr als noch vor fünf Jahren. Gut ist dran, wer entsprechend versichert ist. Schließlich gibt es nie eine hundertprozentige Sicherung und wer hat schon die Möglichkeit, Tag und Nacht sein Hab und Gut zu bewachen?

Vandalismus

In puncto Versicherung und Schadenfälle spielt aber nicht nur das Diebesgut eine Rolle. Haben die Einbrecher es ins Haus geschafft,

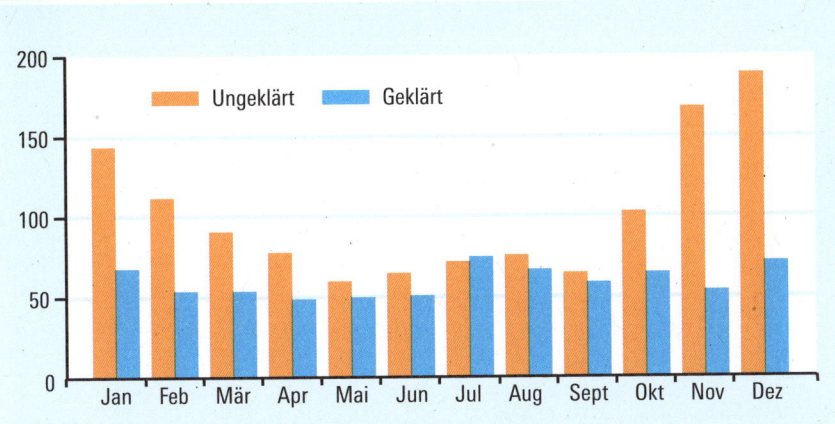

gehen sie meistens rabiat zur Sache. So meldet der Gesamtverband der Deutschen Versicherer, dass bei jedem zweiten Einbruch die Wohnung größtenteils oder teilweise verwüstet wird.

Immerhin, so heißt es aber auch, bleiben in 41,5 Prozent der Fälle die Behausungen nahezu unverändert, und nur in sehr seltenen Fällen werden Gegenstände oder Kleidung beschmutzt oder gar mutwillig zerstört. Schließlich heißt für die Gauner jeder weitere Handgriff ein erhöhtes Risiko aufzufliegen und schließlich doch geschnappt zu werden.

Einbruch – ein lohnenswertes Geschäft. Fast ohne Risiko

Allzu große Sorge brauchen sich die Ganoven aber nicht zu machen. Die offizielle Quote ist schließlich sehr ernüchternd: Von den insgesamt gezählten 167 136 Einbruchsdelikten wurden gerade einmal 25 376 Fälle geklärt – das entspricht einer Quote von 15,2 Prozent. Der Anteil der vollendeten Einbrüche lag bei 95 836 und der dabei entstandene Schaden war erheblich: Über 440 Mil-

lionen Euro. Das Fatale: Die Chance, geschnappt und auch letztlich verurteilt zu werden, ist sehr gering.

→ Schlechte Zahlen auf Seiten der Polizei

Die Aufklärungsquote lag 2015 bei 15,2 %. Als aufgeklärt gilt ein Fall, sobald ein Tatverdächtiger ermittelt wurde. Ob dieser überführt wird, ist dabei unerheblich.

Aus einer laufenden Studie des Kriminologischen Forschungsinstituts Niedersachsen e. V. wurde als vorläufiges Zwischenergebnis bekannt, dass die Strafhöhe für die Einbrecher gar nicht so viel ausmacht, sondern vielmehr die Wahrscheinlichkeit, ob man wirklich verurteilt wird. Beim Wohnungseinbruch scheinen laut Studienleiterin Gina-Rosa Wollinger tatsächlich nur rund 2,5 Prozent der Verfahren mit einer Verurteilung zu enden.

Zu den aufgeklärten Fällen konnte die Polizei 17 670 Verdächtige zuordnen – viele Wohnungseinbruchdiebstähle werden also

Hitliste der Diebesgüter

Diese Wertgegenstände wurden am häufigsten entwendet.

Diebesgut	Anzahl in %
Schmuck / Uhren	57,5
Bargeld	48,6
Elektronische Kleingeräte (z.B. Smartphones, Kameras)	31,0
Laptops, PCs, EDV-Zubehör	28,9
Fernsehgeräte, Musikanlagen, Spielkonsolen	16,7
Ausweispapiere, EC- oder Kreditkarten	11,7
Kleidung	10,0
Münzen	8,0
Tresor, Geldkassette	3,7
Alkohol, Zigaretten	3,5
Schlüssel für Kraftfahrzeuge	2,8
Antiquitäten, Kunstgegenstände	2,6
Nahrungsmittel	1,8
Waffen, Munition	1,6
Wertpapiere	1,2

Quelle: Gesamtverband der Deutschen Versicherungswirtschaft e. V.

von zahlreichen Mehrfachtätern begangen. Laut Statistik werden viele der ohnehin polizeilich bekannten Verbrecher im Schnitt zu fast einem Viertel mehrfach bei der Polizei erfasst. Die Dunkelziffer ist bei der geringen Aufklärungsquote natürlich höher.

Immerhin: Das Kriminologische Forschungsinstitut Niedersachsen fand heraus, dass die Polizei in 43,8 Prozent der Fälle innerhalb von zehn Minuten am Tatort war. In weiterer 46,7 Prozent tauchten die Schutzmänner innerhalb von einer Stunde auf. Da die allermeisten Einbrüche überhaupt erst lange nach dem Verschwinden der Täter bemerkt und schließlich der Polizei gemeldet werden, ist die Chance, den Dieb zu schnappen, noch einmal geringer. Umso wichtiger ist die Vorsorge: In diesem Buch geben wir hilfreiche Tipps für präventive Maßnahmen. Einbruchhemmende Produkte für Türen und Fenster sind bereits für kleines Geld nachzurüsten. Wer größer investieren möchte, kann sich zudem von der Kreditanstalt für Wiederaufbau, kurz KfW, fördern lassen.

Und sollte trotz aller Vorsicht etwas passieren, kann eine Versicherung den Schaden begrenzen. Welche Anbieter hier die Nase vorn haben, steht ebenfalls in diesem Ratgeber ab Seite 90.

Das erweiterte Zuhause

Wer ein Wochenendhäuschen, eine Ferienwohnung oder ein Schrebergartengrundstück mit einer Laube darauf sein Eigen nennt, sollte sich auch über diese „Außen-

Nicht zimperlich:
Fenster geknackt – rein ins Haus. Einrichtung und Mobiliar sind den Ganoven egal.

stellen" des Hauptwohnsitzes ein paar Gedanken zur Sicherheit machen.

Bei der eigenen Ferienimmobilie brauchen Sie einen separaten Versicherungsschutz. Hierbei geht es nicht um solche Sachen, die Sie bei einem Aufenthalt mitnehmen, sondern um den Hausrat, der vor Ort bleibt. Bei eigenen Ferienwohnungen gehen Versicherungen davon aus, dass diese mit eigenem Hausrat ausgestattet werden.

Die meisten Versicherer bieten keine Erweiterung der schon bestehenden Hausratversicherung für die Ferienwohnung an. Stattdessen muss eine zusätzliche Police abgeschlossen werden – diese hat aber ihren Preis. Ferienimmobilien werden nicht das ganze Jahr über bewohnt. Das erhöht die Gefahr eines Einbruchs, was viele Versicherungen durch saftige Risikoaufschläge auszugleichen versuchen. Das führt zu mehrfach höheren Versicherungsbeiträgen als für den dauerhaft genutzten Wohnsitz.

Besitzer von Ferienimmobilien können das Schadenrisiko verringern, indem sie zum Beispiel auf besonders wertvolle Einrichtungsgegenstände verzichten, um auf diese Weise die Versicherungssumme zu senken – und damit auch die Höhe der Beiträge.

Für Kleingärten beziehungsweise Häuschen im Schrebergarten schließt oftmals der Kleingartenverein, der die Parzellen mit Laube verpachtet, einen Rahmenvertrag mit einem Versicherer ab, dem sich die Pächter anschließen können. Die Kleingartenpolicen beinhalten einerseits eine Gebäudeversicherung zum Neuwert sowie eine Laubeninhaltsversicherung, die sämtliche bewegliche Gegenstände ähnlich einer Hausratpolice absichert. Auch eine Glasversicherung, die die Verglasung des Gebäudes und eventuell auch des Mobiliars abdeckt, gehört vielfach zum Paket.

So verhalten Sie sich richtig

Alarmanlagen und Sicherheitsriegel sind gegen Einbrüche die sichere Basis – aber ebenso wichtig ist es, wie man sich grundsätzlich verhält. Denn auch ohne hohe Ausgaben kann man sich gegen Einbrecher wappnen.

Was sich Verbrecher gerne zu Nutze machen, das ist die Naivität der Bürger. Denn nicht jedem ist klar, wie Einbrecher denken und welche Tricks sie anwenden. Manche nehmen beispielsweise an, dass sich Unbefugte vor allem nachts Eintritt verschaffen werden. Falsche Annahmen wie diese sind es, die sich Gauner zunutze machen.

Ja, es stimmt, dass viele Einbrüche im Dunkeln begangen werden. Aber vor allem lieben die Kriminellen diejenigen Tageszeiten, während derer die Bewohner bei der Arbeit oder in der Schule sind. Aufgrund von Vorurteilen und Unachtsamkeit begehen viele Menschen immer wieder Fehler, die einen Einbruch begünstigen können.

„Bei mir ist doch eh nichts zu holen": Viele unterschätzen den Wert ihres Besitzes und denken, ihr Haus oder ihre Wohnung wäre für Einbrecher uninteressant. Irrtum! Einbrecher hoffen immer auf lohnende Beute. Sie nutzen günstige Gelegenheiten wie schlecht gesicherte Türen, Fenster oder Terrassentüren rigoros aus. Aber auch die Anonymität – beispielsweise in Hochhäusern und Wohnanlagen – kommt ihnen vielfach zugute.

Typische Patzer vermeiden

Die Tür nicht richtig abgeschlossen oder das Fenster auf Kipp – schon haben Langfinger leichtes Spiel. Ewas mehr Aufmerksamkeit hilft da schon sehr, um Gauner nicht „einzuladen".

Ein Fehler, den manche immer wieder begehen, ist, Einbrecher zu unterschätzen. Zum einen kann man sich schlichtweg gar nicht vorstellen, dass das eigene Hab und Gut für Einbrecher interessant sein könnte. Dabei hoffen Gauner immer auf lohnende Beute. Zum anderem wird unterschätzt, dass sie besonders gut kombinieren können. Das Verstecken von Schlüsseln unter einer Fußmatte oder einem nahen Blumenkübel etwa ist keine gute Idee. Schlüssel sind sehr wertvolle Gegenstände – erst recht für Einbrecher. Einfacher lässt sich kein Zutritt verschaffen. Deswegen sollten Sie sie nie draußen verstecken. Wenn überhaupt, dann hinterlegen Sie Ihre Ersatzschlüssel lieber bei Verwandten oder einem vertrauten Nachbarn.

Beliebtes Einbruchswerkzeug: der Schlüssel

Überhaupt spielen Schlüssel eine große Rolle bei Einbrüchen. Denn es macht einen riesigen Unterschied, ob man seine Haus- oder Wohnungstür lediglich zuzieht oder abschließt. Das Schnappschloss ist in erster Linie ein Mittel, damit die Tür nicht hin und her wackelt und vom Wind ständig aufgepustet wird. Richtig zu ist sie erst, wenn man sie auch abschließt; nur dann wird sie von einem stabilen Riegel blockiert. Wer hier einbrechen will, der braucht dann schon ein wenig mehr Zeit und Geduld, um die Tür aufzubrechen. Je nach Stabilität der Tür und des Rahmens kann die Bearbeitung mit einem Brecheisen schon mehr Zeit beanspruchen. Kommen dann noch Sicherheitsschlösser

Oft sind teure Autos vor dem Haus der eigentliche Grund für den Einbruch. Wohngegenden werden dann bewusst nach hochwertigen Pkw durchforstet. Warum sich aber dann die Mühe machen, ins Haus einzubrechen? Weil man aufgrund moderner Sicherheitstechnik die meisten Autos nur mit Originalschlüsseln leicht öffnen und starten kann. Diese Art des Autodiebstahls wird im Fachjargon Homejacking genannt.

der verschiedensten Art hinzu, vergehen locker einige Minuten. Ist die Tür immer noch nicht auf, geben Einbrecher spätestens hier auf. Der verursachte Krach dürfte schon längst für viel Aufmerksamkeit gesorgt haben.

Was nun aber, wenn die Haus- oder Wohnungstür lediglich zugezogen wurde? Unter Umständen reicht ein Tritt, und schon ist die Tür aus dem Rahmen gerissen. Lautloser und damit risikoärmer als die brachiale Methode ist jedoch das Öffnen mithilfe einer Checkkarte oder eines anderen Gegenstandes aus biegbarem Kunststoff: Der Einbrecher schiebt diesen zwischen Tür und Rahmen und versucht so, das Schnappschloss ein Stückchen zurückzuschieben, und offen ist die Tür! Während normale Menschen hier Ewigkeiten hantieren würden, bis sie mit etwas Glück die Tür aufbekommen, schaffen Profis das in wenigen Sekunden.

Ist die Tür abgeschlossen, funktioniert die Checkkarten-Methode nicht. Deswegen sollte man immer abschließen. Auch von innen! Denn auch dann, wenn man zu Hause ist, ist man vor den Gaunern nicht sicher. Während man beispielsweise im ersten Stock seelenruhig schläft, können lautlose Einbrecher das Erdgeschoss schnell nach Portemonnaies und Schlüsseln durchsuchen. Die Erfahrung hat gezeigt, dass so etwas nicht selten passiert. Gerade routinierte Einbrecher haben keine Angst, derlei heimliche Besuche zu machen.

→ Das richtige Schloss

Wer seine Tür auch von innen abschließen möchte, sollte einen Schließzylinder einbauen, der sich von außen auch benutzen lässt, wenn innen bereits ein Schlüssel steckt. Diese erkennen Sie an der Kennzeichnung „BSZ" oder „Prio". Manche Türen haben bereits so ein Schloss. Gerade dann, wenn mehrere Personen im selben Haushalt leben, ist das empfehlenswert. Noch besser ist aber ein zusätzliches Sicherheitsschloss, das sich von innen per Hand mit einem Drehregler schließen lässt, von außen aber auch per Schlüssel. Das gewährleistet, dass man von innen jederzeit herauskommt – auch dann, wenn der Wohnungsschlüssel nicht zur Hand sein sollte. Gerade in puncto Brandsicherheit ist das unerlässlich!

Gekippte Fenster sind offene Fenster

Doch nicht nur die Wohnungs- bzw. Haustür ist – bei vernachlässigter Sicherheit – eine gute Einbruchstelle. Vor allem Balkon- und Terrassentüren sowie Fenster werden von Einbrechern gerne genutzt. Vor allem dann, wenn man im Erdgeschoss oder im ersten Stock wohnt. Hier gilt: Gekippte Fenster sind offene Fenster! Denn ist das Fenster nicht richtig geschlossen, ist es noch einfacher, dieses aufzubrechen.

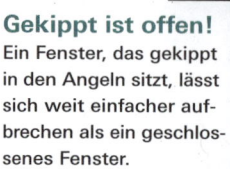

Gekippt ist offen!
Ein Fenster, das gekippt in den Angeln sitzt, lässt sich weit einfacher aufbrechen als ein geschlossenes Fenster.

Regel Nummer eins ist also, Fenster und Terrassentüren bei Abwesenheit immer richtig zuzumachen. Am besten ist, wenn sich die Griffe abschließen lassen, damit es Gauner schwerer haben. Oft wird aber der Fehler begangen, dass die Schlüssel auf den Griffen stecken gelassen werden. Wer dann von außen das Glas des Fensters mit einem Diamantschneider aufbricht, der kommt mit der Hand ohne Weiteres zum Griff und schließt das Fensterschloss einfach auf, um einzudringen.

Draußen nichts herumstehen lassen

Gute Schlösser, eine robuste Verriegelung und etwas Weitblick sind die besten Hilfsmittel im Kampf gegen Einbrüche. Aber die Verantwortung hört nicht an den Türen und Fenstern auf. Denn auch um ein Haus herum lassen sich viele Mittel finden, die einen Einbruch vereinfachen. Eine hohe, blickdichte Hecke hat zwar den Vorteil, dass vorbeifahrende Personen nicht so einfach in das Grundstück hineinsehen können. Aber ebenso schützt es auch die Einbrecher,

✗ Kinder mit Hausschlüssel. Dieser kann nicht nur verloren gehen, sondern auch geklaut werden: Anfang 2016 beispielsweise haben Diebe in Berlin die Schulpausen genutzt, um in unverschlossenen Klassenräumen die Taschen zu durchforsten. Neben Bargeld suchten die Langfinger Haus- und Wohnungsschlüssel. Gab es auf Schulheften und -büchern noch Informationen zur Wohnadresse, hatten die Täter leichtes Spiel.

wenn sie sich an einem Fenster im Erdgeschoss zu schaffen machen.

Wer die Hecke weder kürzen noch umpflanzen möchte, sollte zumindest an anderen Stellen eingreifen. Schließlich gibt es noch andere Schwachstellen, die sich weit schneller ausbessern lassen. Mülltonnen, die im Freien herumstehen, lassen sich schnell als praktische Einstiegshilfe nutzen – beispielsweise um in ein höheres Fenster oder über eine höhere Gartenmauer zu gelangen. Ebenso sollten Gartenstühle oder eine Leiter nicht frei herumstehen. Verstauen Sie Gartenmöbel und -gegenstände entweder in der Garage, in einem abschließbaren Schuppen oder ketten Sie eine Leiter beispielsweise an einem Baum an. Ein massives Fahrradschloss leistet da bereits Abhilfe.

→ Sicherheit im Mehrfamilienhaus

Gerade in größeren Wohn- und Geschäftshäusern, wo mehrere Parteien wohnen, haben es Gauner leicht. Hier sieht man viele Menschen kommen und gehen – da fällt auch ein Einbrecher nicht sofort auf. Deswegen ist es wichtig, dass Sie darauf achten, dass der Hauseingang nicht sperrangelweit offen steht. Drücken Sie nicht wahllos den Türöffner, wenn bei Ihnen geklingelt wird und nicht klar ist, wer dort Einlass begehrt. Und achten Sie darauf, dass auch Türen zum Keller oder zum Dachboden stets verschlossen sind.

Die Augen offen halten

Neben allen Vorsichtsmaßnahmen ist vor allen eine hohe Aufmerksamkeit sehr wirksam gegen Einbrüche. Achten Sie bewusst auf alles Ungewöhnliche.

Es ist nun einmal so, dass keinem Verbrecher auf der Stirn geschrieben steht, was er vorhat. Sie sind Menschen wie wir alle – nur mit einer verbrecherischen Einstellung. Wenn man also nicht in die Köpfe schauen kann, so kann man zumindest einen wachen Blick auf das werfen, was sie tun. Denn was wie ein simples Schlendern durch die Nachbarschaft ausschaut, ist dann nichts anderes als ein Ausspähen guter Einbruchsmöglichkeiten. Gehen Sie also mit offenen Augen durch den Alltag.

Besser beobachten

Zwar sind Verbrecher erfinderisch, aber dennoch arbeiten die meisten immer wieder mit den gleichen Maschen. Die folgende Liste soll einen Überblick geben, wie Einbrecher etwas ausspähen – und woran Sie dies erkennen können.

▸ **Fährt ein Auto** mit unbekanntem auswärtigen Nummernschild und Ihnen unbekannten Personen langsam durch die Straße? Vielleicht ist das nur ein Zufall, vielleicht aber auch die Suche nach möglichen Zielobjekten.

▸ **Parkt ein unbekanntes Auto** scheinbar grundlos vor der Tür oder ist gegebenenfalls liegengeblieben, könnte hier jemand etwas ausspionieren oder gar Schmiere stehen.

▸ **Wenn Scheiben klirren** oder Holz splittert, dann sind es vielleicht nur die Handwerker. Aber könnten dies auch Geräusche eines Einbruchs sein?

▸ **Klingeln Fremde bei Ihnen,** die eine eher belanglose Frage an Sie haben, ist es denkbar, dass sie weit mehr im Schilde führen. Gut möglich, dass sie testen wollten, ob jemand zu Hause ist.

Achten Sie also grundsätzlich auf Fremde vor oder in Ihrem Haus oder bei Ihren Nachbarn. Haben Sie ein sonderbares Gefühl, sprechen Sie sie einfach an. So lässt sich sehr schnell herausfinden, ob die Personen harmlos sind oder weiterhin verdächtig bleiben.

> 66 **Oft sind es Situationen, die man eher unterschwellig wahrnimmt. Irgendetwas ist ungewöhnlich oder sogar komisch – aber nicht so, dass man gleich alarmiert ist und Verdacht schöpft.** 66

Georg von Strünck, Hauptkommissar beim LKA Berlin

Aufeinander aufpassen

Nachbarn können manchmal anstrengend sein – aber sie sind auch praktisch, wenn es um Einbruchprävention geht. Eine aufmerksame Nachbarschaft ist ein sehr gutes Mittel gegen Einbrecher. Wenn nämlich jeder auf den anderen achtet, trägt das zu weit mehr als einem harmonischen Miteinander bei.

Ein kurzer Smalltalk mit Fremden wirkt auf dem ersten Blick wie pure Neugier, kann aber auch sehr effektiv gegenüber Einbrüchen sein. Vielleicht ist der Unbekannte ja wirklich harmlos, vielleicht aber macht er sich auch verdächtig. Spätestens dann, wenn er sich als scheinbarer Enkel der Nachbarn ausgibt, man aber weiß, dass diese kinderlos sind, ist die 110 die bessere Wahl. Selbst dann, wenn es sich als ein harmloses Missverständnis herausstellt, ist das Informieren der Polizei legitim. Sicher ist sicher. Nicht selten werden Einbrecher auch nur deswegen geschnappt, weil ein Nachbar aufmerksam war. Umherstreifende Fremde,

Das sagt die Polizei

Was tun, wenn man in der Straße eine verdächtige Person antrifft? Grundsätzlich gilt: Man kann ja mal fragen. Wer eine fremde Person auf dem Nachbargrundstück sieht, sollte sie ansprechen oder im Verdachtsfall die Polizei anrufen, ruhig unter 110. Wenn die Polizei Einbrecher auf frischer Tat erwischt, verdankt sie dies meist aufmerksamen Nachbarn.

klirrendes Glas oder Taschenlampenlicht im Wohnzimmer der Nachbarn: Wer hier wegschaut anstatt nachzufragen bzw. direkt die Polizei zu rufen, der muss davon ausgehen, dass er früher oder später auch Opfer eines Einbruchs werden kann. Denn die Täter merken sich sehr gut, in welchen Gegenden die Nachbarn unaufmerksam sind und es sich dort daher einfacher einbrechen lässt als anderswo.

So entsteht eine starke Nachbarschaft

Auch eine gute Gemeinschaft muss in Sachen Einbruchschutz ein wenig organisiert sein. Wer sich nicht kennt, kann nicht so gut aufeinander aufpassen, wie man es eigentlich möchte. Hier sind unsere Vorschläge, wie sich der Einbruchschutz namens „Nachbarschaft" verbessern lässt.

1 Sich treffen: Zwischen Tür und Angel lassen sich eher mäßige Absprachen treffen. Insbesondere dann, wenn man in einem Mehrfamilienhaus wohnt, sind gelegentliche Treffen zwischen allen Einwohnern praktisch. Hier kann man neben grundlegenden Dingen wie etwa Müllabfuhr und Gartenpflege auch das Sicherheitsthema ansprechen. Der Vorteil eines solchen Treffens ist, dass Sie vielleicht einen Nachbarn lieb gewinnen, mit dem Sie womöglich sonst nie näheren Kontakt gehabt hätten. Der Grundstein einer guten, nachbarschaftlichen Beziehung ist also gelegt.

2 Absprachen: Sind Sie oder Ihre Nachbarn im Urlaub, können Sie vorab mündlich oder schriftlich über bestimmte Aufgaben sprechen. Es ist gut, wenn jemand hin und wieder die Wohnung überprüft, dabei die Blumen gießt und auch den Briefkasten leert.

3 Wichtige Daten: Es kann nicht schaden, wenn man die Mobiltelefonnummern austauscht. Bei ungewöhnlichen Dingen kann man so zunächst die Nachbarn anrufen, bevor man die Polizei verständigt. Vielleicht stellt sich so heraus, dass der junge Herr, der während des Urlaubs der Nachbarn ein und aus geht, nur deren Sohn ist.

4 Ältere Nachbarn: Senioren sind häufig im Visier der Gauner. Deshalb sollten Sie besonders die älteren Nachbarn

Signalwirkung

Auch Aufkleber wie „Achtung, aufmerksamer Nachbar" oder „Nachbar passt auf" können eine hohe Wirkung erzielen. Potenzielle Einbrecher merken so, dass hier eine intakte – und somit für ihn riskante – Nachbarschaft besonders aufmerksam ist. Diese Aufkleber für das Treppenhaus oder der Haustür erhalten Sie in den Präventions- und Beratungsstellen der Polizei.

darauf hinweisen, vorsichtig zu sein. Sie sollten nicht jedem die Tür öffnen und schon gar nicht jeden in die Wohnung lassen. Bieten Sie ihnen an, dass sie Sie jederzeit anrufen können, wenn Fremde in die Wohnung wollen.

Nachbarn sind mehr als die Leute von nebenan. Sie können sich beim Schutz vor Kriminalität gegenseitig helfen. Ganz einfach schon durch eine höhere Aufmerksamkeit für alles, was in ihrem Haus und Wohnviertel passiert. Dabei geht es nicht um Schnüffeln oder Spionieren, sondern um Ihre Mitverantwortung für das Wohl Ihrer Nachbarn. Die Polizei kann nicht überall sein, aber ein Nachbar ist immer in der Nähe. Eine intakte Gemeinschaft entsteht nicht von allein. Einer muss den Anfang machen: Warum nicht Sie?

Sicher in den Urlaub

Auch wenn in den dunkleren Monaten mehr eingebrochen wird als im hellen Sommer, sollten Sie nicht sorglos in den Jahresurlaub fliegen. Im Vorteil ist derjenige, der gut vorbereitet ist.

Am liebsten brechen Gauner ein, wenn die Bewohner nicht da sind und möglichst lange niemand von der Tat Wind bekommt. Dann ist das Risiko geringer, erwischt zu werden, und man kann sich bei der Durchsuchung der Wohnung etwas mehr Zeit lassen als sonst. Doch es gibt kein öffentliches Verzeichnis mit den Adressen derjenigen, die just im Urlaub sind. Jeder Verbrecher muss selber auskundschaften, ob die Luft rein ist oder nicht. Für Sie bedeutet das: Sorgen Sie dafür, dass es Einbrecher schwieriger haben herauszufinden, dass Sie nicht da sind.

> 66 **Urlauber sollten so wenig Aufsehen wie möglich von ihrer Abreise machen. Grundsätzlich gilt: Keine herzzerreißenden Abschiedsszenen bei der Abfahrt!** 66

Carolin Hackemack, Geschäftsführerin der Polizei-Initiative „Zuhause sicher" (zuhause-sicher.de)

Das betrifft vor allem die Abreise. Überlegen Sie: Wie oft konnten Sie während des letzten Jahres erkennen, dass ein Nachbar in den Urlaub fährt? Da werden Autos vorgefahren und für eine längere Reise präpariert. Stundenlang schleppt die Familie einen Koffer nach dem anderen aus der Wohnung, nur um noch länger auszutüfteln, wie diese sich am besten im Auto verstauen lassen. Sollte ein Gauner in dieser Zeit zufällig vorbeifahren, können Sie sicher sein, dass er dieses Haus in den kommenden Tagen noch einmal genauer beobachten wird. Deswegen sollten Sie die Abreise möglichst unauffällig und schnell machen. Erledigen Sie das Packen grundsätzlich drinnen, so dass das Einräumen ins Auto schnell von statten geht.

Aufpassen, was man preisgibt

Doch nicht nur die Abreise sollte unscheinbar verlaufen: Auch in den Wochen zuvor ist es ratsam, sich mit den Urlaubsplänen bedeckt zu halten. Das ist insofern nicht einfach, als man Nachbarn und Bekannten aus Vorfreude gerne reichlich von der nahenden Kreuzfahrt oder dem Südostasien-Trip erzählen möchte. Immerhin geht für manche ein alter Traum in Erfüllung, da möchte man am liebsten jedem von seinem Glück erzählen. Doch Sie sollten im Vorfeld nur mit den engsten Vertrauten über die Reise sprechen. Ein kleiner Trost: Nach dem Urlaub haben Sie noch genug Zeit, von dem Erlebten zu erzählen.

Typische Orte, wo man gerne über den nahenden Urlaub plaudert, sind jene, die uns vertraut sind, die aber auch von Fremden besucht werden. Das sind der Friseur, der Stamm-Supermarkt, die Bäckerei oder das Fitnessstudio. Selbst wenn die Gesprächspartner vertrauenswürdig sind, können doch auch Dritte einige Sätze im Vorbeigehen aufschnappen. Halten Sie sich deswegen lieber bedeckt.

Facebook & Co.: Weniger ist mehr

Auch digital kann das Ausplaudern der Urlaubspläne schwerwiegende Folgen haben. Eine Umfrage der britischen Finanz-Website Credit Sesame, bei der 50 ehemalige Einbrecher interviewt wurden, hat 2011 ergeben: Fast 80 Prozent von ihnen haben in ihrer Zeit als Verbrecher regelmäßig soziale

Wir sind nicht da …
Auch mobil lässt sich in der Facebook-App ganz einfach festlegen, wer ein Urlaubsfoto sehen darf und wer nicht.

Netzwerke wie Facebook oder Twitter verwendet, um dort nach guten Einbruchzielen zu suchen.

Während die Plauderei über den geplanten Urlaub beim Friseur oder im Supermarkt noch den Vorteil hat, dass dies aufhört, sobald die Reise angetreten wird, ist in den sozialen Medien die Abreise für viele der Startschuss, um ausgiebig vom Urlaub zu berichten. „Wir sind weg" oder „Sonne, wir kommen" sind nur einige Statusmeldungen, die Gauner aufhorchen lassen. Dank der WLan-Verbindungen in den Hotels lassen sich ja auch so einfach schöne Strandfotos ohne zusätzliche Kosten aus dem Ausland verbreiten.

Posten Sie Urlaubsfotos auf Facebook und Co. nur, wenn die Adressaten enge Freunde sind. Das bedeutet vor allem: Schreiben Sie die Grüße nicht öffentlich! Bei jedem Beitrag, den Sie bei Facebook verfassen, wird auch angegeben, ob dieser „Öffentlich" oder an „Freunde" gepostet wird. Einfach auf den jeweiligen Button klicken oder tippen und festlegen, wer den Text oder das Bild sehen darf.

Beachten Sie aber: Wenn Sie viele Facebook-Freunde haben, die Sie womöglich gar nicht persönlich kennen, dann ist die Gefahr immer noch groß, dass unter Ihren „Freunden" auch Gauner stecken. Denn Facebook dient auch dazu, Leute miteinander zu verknüpfen, die man im echten Leben noch nie oder vielleicht nur einmal gesehen hat. Wenn also Ihre Freundschaftsliste viele Menschen enthält, die Sie nur flüchtig kennen, dann sollten Sie keine Urlaubsfotos posten.

Sind Sie mit mehreren Freunden im Urlaub, dann ist die Gefahr groß, dass noch mehr Fotos als sonst in den Umlauf gelangen. Besprechen Sie das Thema also am besten auch mit den anderen Mitreisenden. Nur wenn man gemeinsam vorsichtig ist, kann man die Gefahr eines Einbruchs verringern.

Markierungen auf Facebook-Fotos

Gerade dann, wenn man mit vielen anderen im Urlaub ist, kann die Markierungsfunktion von Facebook gefährlich werden: Hierbei lassen sich Personen, die beispielsweise auf einem Selfie zu sehen sind, ganz einfach mit dem jeweiligen Facebook-Profil verknüpfen. Der Betrachter erhält somit mehr Informationen über die abgebildeten Personen als sie das simple Foto geben würde.

Wenn Sie auf einem Bild von einem Ihrer Freunde markiert werden, erscheint dieses Foto dann unter Umständen auch in der Chronik Ihres Profils. Sprich: Auch ohne Ihr Zutun wissen die Betrachter Ihres Facebook-Profils gegebenenfalls, dass Sie im Urlaub sind. Selbst dann, wenn in den Einstellungen von Facebook festgelegt ist, dass nicht jeder dieses verknüpfte Foto sieht, muss man vorsichtig sein: Ist beispielsweise eingestellt, dass „Freunde von Freunden" diese Fotos sehen können, dann ist das immer noch eine beachtliche Anzahl an Personen.

Kurze Rechnung: Sie haben zum Beispiel selber 100 Facebook-Freunde, von denen wiederum jeder wiederum 100 (unterschiedliche) Freunde hat, dann würden schon 10 000 Facebook-Nutzer dieses Foto sehen, wenn diese auf Ihre Facebook-Seite stoßen sollten.

Wir empfehlen also, dass Sie zeitig die richtigen Einstellungen vornehmen, sodass eine unabsichtliche Verbreitung dieser markierten Fotos vermieden wird.

Dazu müssen Sie sich am Computer bei Facebook einloggen, oben rechts dann auf den kleinen Pfeil klicken und dann „Einstellungen" wählen. Unter „Chronik und Markierungseinstellungen" können Sie dann die Markierungsoptionen definieren.

Und mobil? Starten Sie die Facebook-App und tippen Sie dann oben rechts auf den Menübutton (drei waagerechte Striche). Wischen Sie nach unten, und wählen Sie „Kontoeinstellungen". Hier finden Sie ebenfalls die Einstellungen für „Chronik und

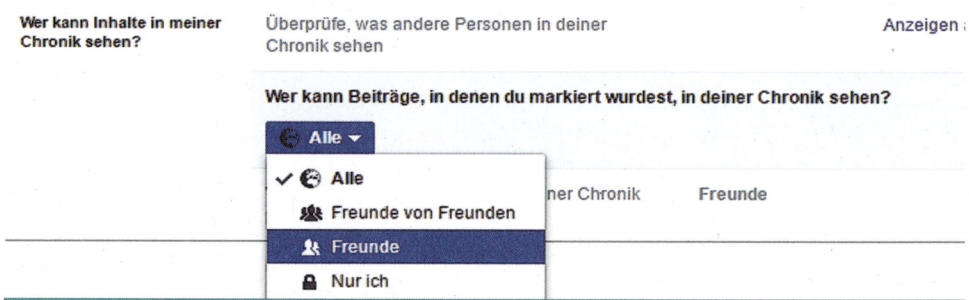

Markierungen". Im Folgenden nennen wir Ihnen ein paar Tipps, welche Optionen Sie hier wählen sollten:

▶ **Markierte Fotos in der Chronik:** Lassen Sie es nicht zu, dass Fotos, auf denen Sie markiert wurden, in Ihrer Chronik zu sehen sind. Sie sollten dies individuell entscheiden. Klicken Sie hierbei unter „Möchtest du die Beiträge überprüfen, in denen du von Freunden markiert wurdest, bevor sie in deiner Chronik erscheinen?" auf „Bearbeiten". Wählen Sie „Aktiviert". Ist diese Einstellung vorgenommen, dann erhalten Sie zunächst eine Benachrichtigung über die Markierung; hier können Sie mit einem Klick entscheiden, ob es in Ihrem Facebook-Profil zu sehen sein wird oder nicht.

▶ **Wer die markierten Fotos sehen kann:** Wenn Sie gestatten, dass ein Foto mit Ihrer Markierung in Ihrer Chronik zu sehen ist, dann ist es wichtig zu wissen, wer dieses Bild letztlich sehen wird. Diese Einstellung finden Sie unter „Wer kann Beiträge, in denen du markiert wurdest, in deiner Chronik sehen?" Klicken Sie auf „Bearbeiten", wenn Sie die Einstellung ändern möchten. Wir empfehlen, auf gar keinen Fall „Alle" zu wählen; auch von der Einstellung „Freunde von Freunden" ist abzuraten.

▶ **Andere auf Ihren Fotos markieren:** Man kann auf Fotos auch Markierungen hinzufügen, wenn man selber nicht das Foto hochgeladen hat. Beispielsweise kann ein Freund von Ihnen sich oder jemand anderen in einem Foto markieren, wenn Sie es gepostet haben. Es ist zu empfehlen, dass Sie dies erst abnicken, bevor die Markierung gesetzt wird (oder eben nicht). Wählen Sie dafür in den Markierungseinstellungen die Option „Möchtest du die Markierungen überprüfen, die Personen zu deinen eigenen Beiträgen hinzufügen, bevor sie auf Facebook erscheinen?". Klicken Sie auf „Bearbeiten", und wählen Sie „Aktiviert".

▶ **Markierungen komplett entfernen:** Sie können ganz einfach vermeiden, dass

Wie kann ich von anderen Personen hinzugefügte Markierungen und Markierungsvorschläge verwalten?

Möchtest du die Markierungen überprüfen, die Personen zu deinen eigenen Beiträgen hinzufügen, bevor sie auf Facebook erscheinen?

Aktiviere die Funktion „Markierungen überprüfen", um die Markierungen, welche Freunden zu deinen Inhalten hinzugefügt werden, zu überprüfen, bevor sie auf Facebook angezeigt werden. Wenn eine Person, mit der du nicht befreundet bist eine Markierung zu einem deiner Beiträge hinzufügt, wirst du immer um die Überprüfung der Markierung gebeten.

Hinweis: Wenn du eine Markierung bestätigst, können dessen Freunde deinen Beitrag sehen.

ein Beitrag in Ihrer Chronik zu sehen ist, und Sie können festlegen, wer das dann sehen kann. Grundsätzlich ablehnen, dass Sie auf einem Foto oder in einem Beitrag markiert werden, lässt sich auf dem üblichen Weg nicht. Erhalten Sie eine Nachricht, dass Sie markiert wurden, können Sie dem immerhin widersprechen, indem Sie auf „Markierung melden/entfernen" klicken. Hier können Sie Facebook mitteilen, dass die Markierung gelöscht werden soll. Eleganter und weitaus freundlicher gegenüber dem Facebook-Freund, der Sie markiert hat, ist es aber, ihn persönlich zu kontaktieren: Sagen Sie, dass Sie diese Markierung nicht mögen. Und bitten Sie ihn freundlich, dass er Sie auf dem Foto nicht markieren soll.

→ Sämtliche Freizeitaktivitäten vorsichtig preisgeben

Der umsichtige Umgang mit Facebook bezieht sich natürlich nicht nur auf den Urlaub. Auch das ungezügelte Preisgeben von Hobbys kann unter Umständen Einbrecher aufhorchen lassen: Outen Sie sich als extremer Brettspielfan, und posten Sie jährlich von der Spielemesse in Essen, dann kann sich ein Gauner den nächsten Termin schon jetzt rot im Kalender anstreichen. Halten Sie sich bedeckt, und veröffentlichen Sie nicht wahllos jede Ihrer Freizeitaktivitäten.

Abwesenheitsnotiz oder nicht?

Ein anderes Thema rund um den Urlaub sind Abwesenheitsnotizen. Diese lassen sich in der Regel bei jedem Mailanbieter kostenlos einrichten: Ein kurzer Text, der jedem geschickt wird, der eine E-Mail schreibt; mit dem Hinweis, dass man aktuell nicht erreichbar ist, aber in zwei Wochen wieder am Arbeitsplatz sitzt. Hier stellt sich die Frage: Sind diese Abwesenheitsnotizen gefährlich? Können sie Gauner dazu inspirieren, bei Ihnen zu Hause einzusteigen?

Inkognito reisen
Hinterlassen Sie Einbrechern, die leerstehende Wohnungen und Häuser ausbaldowern, möglichst keine Hinweise auf Ihre Urlaubsreise.

Hier gehen die Meinungen auseinander. Denn in erster Linie sind Abwesenheitsnotizen wichtige Hilfsmittel im Büroalltag. Ohne diese würden die meisten Arbeitskollegen und Kunden nicht wissen, ob man erreichbar ist und ob beispielsweise ein wichtiger Auftrag auch ausgeführt wird. Aus diesem Grund sind sie eigentlich unerlässlich. Vor allem ist es eher unwahrscheinlich, dass ein Verbrecher sämtliche Geschäftsmailadressen anschreibt, um so eine Notiz zu erhalten. Und zum anderen ist es für einen Gauner meist nicht gerade einfach, die Privatadresse der jeweiligen Person zu ermitteln.

Anders schaut dies bei Selbstständigen aus, deren Büro sich zu Hause befindet. Zwar ist es auch nicht immer klar, ob ein Selbstständiger wirklich von zu Hause aus arbeitet, aber in vielen Fällen ist das so. Und so schadet es einem Verbrecher nicht, sich die Adresse aus der Signatur oder aus dem Impressum der Unternehmenswebsite he-rauszusuchen. Für Selbstständige ist es also ratsam, gegebenenfalls auf Abwesenheitsnotizen zu verzichten. Besser ist es, hin und wieder im Urlaub die Mails abzurufen, was gerade per Mobiltelefon und Hotel-WLan kein Problem sein dürfte. Außerdem kann man ja allen wichtigen Kollegen und Kunden im Vorfeld auch persönlich mitteilen, dass man einen bestimmten Zeitraum keine Projekte annehmen oder beenden kann.

Übrigens: Auch per Anrufbeantworter sollte nicht verraten werden, dass das Unternehmen wegen Weihnachtsurlaubs oder dergleichen geschlossen ist. Hier ist es ratsam, per Anrufbeantworter lediglich mitzuteilen, dass man im Moment nicht ans Telefon gehen kann. Das reicht in der Regel aus.

Verbrecher bewusst austricksen

Unabhängig davon, was man im Vorfeld erzählt beziehungsweise während des Urlaubs digital mitteilt, ist es auch wichtig, dass das Zuhause bewohnt ausschaut. Denn wenn ein sonst sehr belebtes Haus auf einmal verlassen wirkt, dann bemerkt das ein Einbrecher bei seiner Erkundungstour. Signalisieren Sie also, dass auch während Ihres Urlaubs alles beim Alten ist und ihre Wohnung bewohnt erscheint.

Einige Hilfsmittel können Sie auch selber einsetzen, bevor Sie die Reise antreten. Streuen Sie beispielsweise ein paar Indizien, die das bunte Leben vorgeben. Beispielsweise ein Paar Gummistiefel, die auf die Schnelle vor der Haustür hingeworfen wurden. Oder ein halb gefüllter Sack Laub in der Garageneinfahrt. Und ein Blick durchs Küchenzimmer zeigt einen Essenstisch mit ein paar Tassen, einer aufgeschlagenen Zeitung und einem leeren Brötchenkorb. Keiner, der zumindest ein klein wenig Ordnung schätzt, hinterlässt so sein Haus, wenn er zwei bis drei Wochen Urlaub macht.

Ebenso empfiehlt es sich, einige Lampen im Haus mit Zeitschaltuhren zu versehen. Die Lampen – auch die Außenbeleuchtung – sollten bis in den späten Abend hinein leuchten. Wer zudem noch programmierbare Jalousien hat, kann auch über dieses Hilfsmittel den Eindruck erwecken, dass man zu Hause sei.

Übrigens: Nach Aussage der Polizei bringt es meistens nichts, potenziellen Einbrechern ein paar Geldscheine als „Schutzgeld" dazulassen. Die Einbrecher freuen sich über den tollen Fund – und setzen die geplante Suche nach Wertvollem ungebremst fort.

Wem ein gedeckter Küchentisch und Zeitschaltuhren nicht ausreichen, der sollte sich helfen lassen: Fragen Sie einen Verwandten oder einen Nachbarn, ob dieser einen Blick auf Ihr Haus werfen kann. Wenn der „Haussitter" beispielsweise die Blumen gießt, dann hat das einen doppelten Effekt: Zum einen bleiben die Blumen frisch, zum anderen erwecken gepflegte Pflanzen den Eindruck von Alltag. Genauso verhält es sich mit dem Leeren des Briefkastens. Und wieso bieten Sie Ihren Nachbarn nicht an, Auto, Roller und Fahrrad gelegentlich bei Ihnen in der Garageneinfahrt zu parken? Die Nachbarn freuen sich über den zusätzlichen Parkplatz, und Ihr Haus wirkt noch einmal deutlich bewohnter.

→ Sonderfall Todesanzeigen

Einbruch bei Abwesenheit, das gibt es nicht nur dann, wenn man im Urlaub ist. Selbst Beerdigungen werden von Gaunern gerne dazu genutzt, ein Haus zu plündern. Dazu durchforsten die Verbrecher die Todesanzeigen in Zeitungen. Stehen dort sowohl der Beerdigungstermin als auch eine Privatadresse für die Kondolenzpost, dann haben die Einbrecher leichtes Spiel. Deswegen empfiehlt es sich, dass die Beileidsschreiben an das Beerdigungsinstitut geschickt werden. Noch sicherer ist es, wenn ein Freund während der Beerdigung das Haus hütet.

Die Maschen der Trickbetrüger

Auch ohne erkennbaren Einbruch lässt sich Wertvolles aus einer Wohnung entwenden. Die Rede ist von Trickbetrug. Wir zeigen, wie Sie sich schützen.

Mit List und Trug können sich Gauner ebenfalls Zutritt zu einer Wohnung verschaffen – und das ganz offen durch die Haustür. Die Bewohner selber sind es dann, die ihnen die Tür öffnen. Die Verbrecher lassen sich raffinierte Geschichten einfallen, mit denen sie ihre Opfer überlisten. Diese merken den Diebstahl erst dann, wenn die Verbrecher längst wieder über alle Berge sind.

Die Mitleidsmasche ist wohl der tückischste Trickbetrug: Jemand klingelt an der Tür und fragt nach einem Glas Wasser oder ob man kurz die Toilette benutzen dürfte. Wer sagt da schon Nein? Vor allem dann nicht, wenn es sich um eine (scheinbar) schwangere Frau handelt.

Gerne geben sich diese Verbrecher auch als jemand aus, der sie nicht sind. Beispielsweise behaupten sie, sie kämen von der Rentenversicherung und müssten in einem persönlichen Gespräch dringend etwas klären. Oder sie kämen von der Hausverwaltung und müssten eine kurze Wohnungsbegehung durchführen. Ebenso geben sich manche Betrüger als Handwerker (beispielsweise für Sanitäranlagen oder Elektrogeräte) aus, die von den Vermietern beauftragt seien.

Weitere Maschen sind vorgebliche Bürgerumfragen oder das Sammeln von Spenden. Auch behaupten andere, dass sie angeblich ein Paket oder Blumen für den Nachbarn hätten, dieser aber nicht da wäre; sie bitten um Papier und Stift, um dem Nachbarn eine Nachricht schreiben zu können. Es sind sogar Fälle bekannt, in denen sich Verbrecher dreist als Polizisten ausgegeben haben, die – aufgrund eines angeblich hohen Aufkommens von Falschgeld im Viertel – die Barschaft in jedem Haushalt überprüfen müssten.

Andere versuchen es wiederum nicht an der Wohnungstür, sondern lauern den Personen auf dem Weg vom Einkaufen auf, verwickeln diese in ein Gespräch und bieten ihnen freundlich an, die Einkaufstüten nach Hause zu tragen. So gelangt jeder der Gauner auf einen anderen Weg in die Wohnung oder ins Haus hinein.

Mit Lügen Zugang verschaffen

Wozu das alles? Allen Maschen gemeinsam ist es, dass die Akteure sich heimlich bereichern wollen. Die verschiedenen Tricks unterscheiden sich vor allem durch vier Arten von Trickbetrügerei:

Unangekündigter Besuch?
Lassen Sie keine spontanen Besucher an der Haustüre rein, wenn die sich nicht ausreichend ausweisen können.

▶ **Ablenken und stehlen:** Mithilfe eines Vorwands möchte der Betrüger den Bewohner beschäftigen (z. B. Wasser, Stift oder Ähnliches holen), sodass er kurz Zeit hat, durch die offene Tür hineinzuschlüpfen und die nahe Garderobe nach Schlüsseln und Geld zu durchforsten. Das alles natürlich in Windeseile und ganz leise.

▶ **Diebstahl im Duo:** Wenn es sich um zwei Personen handelt, dann wird das Ablenken und Stehlen meist aufgeteilt. Eine Person muss dringend zur Toilette, während der Zweite im Smalltalk an der Tür den Bewohner beschäftigt. In der Zwischenzeit kann der Toilettengänger perfekt die wichtigsten Stellen in der Wohnung durchsuchen.

▶ **Wohnung begutachten:** Manche Verbrecher stehlen nichts, sondern werfen einfach ein Auge auf mögliche Wertgegenstände, die man nachts per Einbruch mitnehmen kann. Hier besteht aber die Gefahr, dass die Bewohner später eins und eins zusammenzählen und eine Täterbeschreibung abgeben. Deswegen ist es denkbar, dass der spionierende Besucher lediglich ein Kundschafter ist, der während des eigentlichen Einbruchs ein gutes Alibi haben wird.

▶ **Geld erschleichen:** Eine spezielle Masche ist auch das Geldsammeln, beispielsweise als gemeinnützige Spende getarnt.

→ Neue Masche: Der Trick mit dem verlorenen Schlüssel

„Hallo, Sie haben Ihren Schlüssel verloren." Wer das hört und auf dem Rückweg vom Einkauf vor der Haustür steht, könnte gerade einem Trickdieb auf den Leim gehen. Der Schlüsselbund sei im Supermarkt abgegeben worden, sagt der nette Mitbürger. Klar, dass die so Angesprochenen

Nur einen Spalt
Steht unangemeldeter Besuch vor
der Tür, ermöglicht ein Zusatzschloss
mit Sperrbügel ein entspannteres
Einschätzen der Situation.

sofort kehrtmachen, um ihn an der Ladenkasse abzuholen.

Der Fremde hat seinem Opfer schon im Supermarkt aufgelauert und in einem unbeobachteten Moment den Schlüssel gestohlen. Dann folgt er ihm in sicherem Abstand auf dem Weg nach Hause, um die Wohnadresse herauszufinden. An der Haustür spricht er sein Opfer an. Während der Bestohlene zurück zum Supermarkt läuft, öffnet der Dieb mit dem Schlüssel die Tür und klaut Bargeld und Schmuck.

Eines haben die Trickbetrüger gemeinsam: Sie sind raffiniert darin, Menschen zu beschwatzen. Je nach Rolle kleiden sie sich sogar in einen Blaumann oder einen schicken Anzug, um das Schauspiel perfekt zu machen. Die meisten Opfer sind Senioren. Das liegt daran, dass viele Ältere sehr gutgläubig sind und sich oft leicht unter Druck setzen lassen; zudem sind sie manchmal nicht mehr besonders agil, und das Sehvermögen ist dann auch nicht mehr das beste. Erst nach dem sonderbaren Besuch dämmert es den meisten, dass sie betrogen wurden.

Erfolgreich gegen Trickbetrug

Es ist nicht einfach, aber mit ein bisschen Vorsicht und Skepsis im Gepäck lassen sich Trickbetrüger oft verjagen. Zum einen muss man über den eigenen Schatten springen: Will eine schwangere Frau ein Glas Wasser, wäre es ja sehr unhöflich, „nein" zu sagen. Hier hilft nur, die Türe kurz zu schließen und mit dem Glas Wasser wieder zurück zu kommen. Auch wenn es unhöflich ist, jemandem kurz die Tür vor der Nase zu schließen, so ist es im Sinne der Sicherheit einfach notwendig.

Auf keinen Fall sollten Sie an der Tür irgendetwas unterzeichnen, noch sollten Sie persönliche Daten preisgeben. Nachnahmesendungen für Nachbarn sollten Sie auf keinen Fall annehmen, sofern der Nachbar Sie nicht im Vorfeld darüber informiert und Ihnen das zu zahlende Entgelt gegeben hat.

Gibt der Besucher an der Tür vor, für die Rentenversicherung, die Hausverwaltung oder ein Handwerksunternehmen zu arbeiten, sollten Sie abblocken. Immerhin ist es gute Sitte, so etwas im Vorfeld mit Terminvereinbarung anzukündigen. Außerdem kann man nicht erwarten, dass Sie jederzeit parat stehen, um Handwerkern und Co. die Tür zu öffnen. Auch können Sie die spontanen Besucher bitten, kurz vor der Tür zu warten. Schließen Sie die Tür, und rufen Sie bei der Organisation an, um sich den spontanen Besuch bestätigen zu lassen. Vertreter der gesetzlichen Rentenversicherung werden übrigens nie unangemeldet vor Ihrer Tür stehen, Sie dürfen hier von einem Betrug ausgehen.

Und ist so ein unangemeldeter Besucher sehr aufdringlich, sollten Sie – so oder so – auch von einem Trickbetrug ausgehen. Lassen die Personen nicht locker, sollten Sie per Telefon einen Nachbarn oder sogar die Polizei rufen. Ein Zusatzschloss mit Sperrbügel ist übrigens eines der besten Mittel, um sonderbare Gäste vor der Tür zu lassen, während Sie die Situation einschätzen können. Ein Glas Wasser lässt sich so sehr gut überreichen – und die Tür bleibt dabei dennoch zu.

Die Schwach-stellen ausfindig machen

Um sich vor Einbruch besser zu schützen, ist neben dem bewussten Verhalten eine Bestandsaufnahme vor Ort nötig. Was ist bereits vorhanden und was sollte womöglich ausgebessert werden?

Bei diesen Fragen stehen Sie zum Glück nicht alleine da. „Die Polizei, dein Freund und Helfer" – so heißt es. Das Sprichwort kommt in Sachen Einbruchschutz nicht von ungefähr: Wer sich um seine Wohnung oder das Eigenheim sorgt, kann online unter www.polizei-beratung.de eine Anlaufstelle in der direkten Umgebung erfragen. Ob Mietwohnung, zentral gelegenes Eigentum oder Reihenhaus im Grünen: Eine Beratung ist kostenlos und umfangreich. Je nach Dienststelle kann man sich bildlich vor Augen führen lassen, wie schnell und einfach beispielsweise Fenster aufgebrochen werden können. Schwachstellen gibt es in der Regel zahlreiche.

Vereinbart man mit der (Kriminal-)Polizeilichen Beratungsstelle der Behörde einen Termin, können unter Umständen auch direkt vor Ort am Eigenheim oder in der Mietwohnung die Schwachstellen ausfindig gemacht werden.

Direkt vor Ort
Manche Dienststellen
beraten Sie gerne direkt
in Ihrer Wohnung, um
Schwachstellen an Fens-
tern und Türen auszu-
machen.

→ Erste Anlaufstelle: Internet

Die Polizei Baden-Württemberg hat im Rahmen des Programms Polizeiliche Kriminalprävention im Netz eine informative Anlaufstelle geschaffen. Unter www.k-einbruch.de können Sie sich rund um das Thema Einbruchschutz kostenlos einlesen. Erste Informationen zum Thema Prävention und konkrete Hilfestellungen sowie Adressen sind hier erhältlich.

In jedem Fall beantwortet Ihnen die Polizei die dringendsten Fragen rund um das Thema Einbruchschutz. Wer sich danach für eine Nachrüstung entscheidet, findet über die Dienststelle verlässliche Fachbetriebe, die den Einbau einbruchhemmender Technik übernehmen.

Und: In Deutschland drängen neue Anbieter mit Konzepten zum digitalisierten „smarten" Zuhause auf den Markt. Da eröffnen sich für datentechnisch clevere Einbrechernaturen ganz neue Möglichkeiten.

So verkaufte zum Beispiel der Discounter Aldi Nord ab März 2016 eine IP-Überwachungskamera von Maginon für 70 Euro. Damit konnten Besitzer via Smartphone oder Tablet auch unterwegs sehen, wer vor der Haustür steht, oder sich Warnungen per E-Mail schicken lassen – allerdings nicht unbedingt nur die Besitzer. Das Fazit der Stiftung Warentest zu dem Angebot lautete: „Die Maginon-IP-Überwachungskamera ist für den normalen Hausgebrauch nicht zu empfehlen. Der Nutzer muss zu viele Sicherheitseinstellungen selbst vornehmen, damit potenzielle Angreifer nicht auf die Kamera zugreifen können."

Wissen, wo man als erstes ansetzen muss

Obgleich die Einbruchsversuche zunehmen, gehen die Erfolge der Kriminellen zurück. Grund dafür ist die verbesserte Sicherung von Fenster und Türen.

Den perfekten Schutz gibt es in der Realität nicht. Wenn ein Einbrecher unbedingt in eine Wohnung möchte, kommt er auch hinein. Allerdings gibt er in der Regel nach etwa drei Minuten seinen Einbruchsversuch auf, und in rund 40 Prozent der Fälle bleibt es beim erfolglosen Versuch. Das liegt in der Regel am immer weiter verbreiteten mechanischen Schutz. Allerdings: Nicht jede Behausung ist entsprechend vorbildlich gesichert. Dabei ist es sehr wichtig, sich und seinem Zuhause diesen Vorsprung durch verbesserte Sicherungsmaßnahmen zu verschaffen. In einem Einfamilienhaus sind die Hauptzugangspunkte die Terrassen- bzw. Balkontür sowie die Fenster im Erdgeschoss. Erst danach folgen die Eingangstür und die übrigen Fenster im Keller oder in höheren Etagen.

Deshalb sind abschließbare Fenstergriffe sehr wichtig. Schlägt ein Einbrecher kurzerhand ein Loch ins Glas, kann er dann nicht mehr einfach das Fenster mit einem Handgriff öffnen. Natürlich darf man dann auch nicht aus Bequemlichkeit den Schlüssel im Griffschloss stecken lassen. Aber auch weniger brachiale Ganoven können herkömmliche Fenster sehr schnell öffnen. Mit einem flachen Schraubendreher hebeln sie die Fenster an ein bis zwei Stellen aus, und schon steht ihnen der Weg ins Haus offen.

> 66 **Ein Fenster in der Küche kann so leise aufgehebelt werden, dass man im Schlafzimmer nichts davon hört.** 66
>
> **Georg von Strünck,** Hauptkommissar beim LKA Berlin

Häufig sind Fenster nur mit einfachen Rollzapfen als Verschlussmechanismus versehen. Eine solche Konstruktion ist zu simpel. Sie reicht gerade einmal dafür aus, dass das Fenster bei Wind und Wetter nicht gleich aufspringt. Eine Einbruchsicherung ist das nicht. Ein Einbrecher braucht nur den Schraubendreher anzusetzen und bei genug Druck rutscht der Rollzapfen entweder seitlich weg oder die Nase der Halterung bricht ab.

Im Mehrfamilienhaus geht's durch die Tür

Ähnlich sieht es vor einer Wohnung aus: Fenster im Erdgeschoss und die Balkontüre werden gerne attackiert. Allerdings trifft es in der Regel zunächst einmal die Tür. Auch hier liegen die Primärziele im Erdgeschoss. Wer oben wohnt, ist also sicher? Nein, leider nicht! Ein Viertel der Einbruchsversuche findet im zweiten und dritten Obergeschoss statt. Hier gilt es, die Wohnungstür in Augenschein zu nehmen, da sie die oft einzige angreifbare Schwachstelle ist.

Ist das Türblatt dünn und instabil, erübrigen sich alle zusätzlichen Sicherungsmechanismen: Einbrecher treten kurzerhand die Tür ein, sollte die einen schwachen Eindruck machen. Eine massivere und stabile Tür stellt für einen Einbrecher ein gewisses Hindernis da. Um diese Türblätter einzutreten, sind mindestens mehrere Anläufe nötig – was zu viel Lärm erzeugen würde. Der Ganove zieht weiter zum nächsten Objekt, oder er versucht es über den Schließmechanismus: Wenn hier beispielsweise das Einsteckschloss von geringer Qualität ist oder das Schließblech gegenüber zu schwach ist, ist die Tür schnell aufgebrochen.

Einbruchhemmende Upgrades an Fenster und Türen sind keine billige Angelegenheit. Guter Schutz beginnt etwa mit einem Querriegel für die Wohnungstür inklusive Einbau durch den Profi bei etwa 500 Euro. Ein einzelnes Fenster mit sichereren Pilzkopfzapfen auszustatten, die das Aufhebeln verhindern, kostet etwa 350 Euro inklusive Material und Installation. Wer ein ganzes Eigenheim schützen will, wird so schnell mehrere tausend Euro los. Das Gute daran: Die Kosten müssen grundsätzlich nicht allein getragen werden. Die alarmierenden Einbruchzahlen der letzten Jahre haben den Bund dazu bewegt, Gelder an die KfW freizugeben, um den Einbau von einbruchhemmenden Mechanismen mit gezielten Förderprogrammen zu unterstützen. Ausgaben für haushaltsnahe Dienstleistungen können auch in der Einkommensteuererklärung steuermindernd geltend gemacht werden (nur Lohnanteil, nicht Materialkosten).

---

i **Die Prüfinstitution „Vertrauen durch Sicherheit"** (VdS), stuft Fenster und Türen in Widerstandsklassen ein. Die Klassen N und A beschreiben den niedrigsten Standard, bieten aber bereits einen Grundschutz gegen Einbrecher. Modelle der höher eingestuften Klassen EH 01 und EH 02 haben Verglasungen mit einer durchwurfhemmenden Wirkung. Die Klasse EH 1 bietet laut VdS Schutz gegen Hammer- und Axtschläge.

So kommen die Täter rein

Die meisten Täter gelangen über Fenster und Türen ins Haus. Bauherren sollten schon bei der Planung den Einbruchschutz berücksichtigen.

🔴 **Einstiegsorte bei Einbrüchen in Einfamilienhäusern** (Prozent)

🔒 Mehr Schutz vor Einbruch durch ...

0,9 %

Dachfenster
Zusatzschloss für Dachfenster

Fenster
🔒 Beschläge mit Pilzkopfzapfen

Stabile Rollläden

Vergitterung bei häufig gekippten Fenstern

Nachrüstsicherungen an Scharnierseiten

40,4 %

2,7 %

40,7 %

4,5 %

10,2 %

Kellertür
🔒 Massive Schubriegel

Vorlegestangen aus Holz oder Stahl

Balkon- und Terrassentür
🔒 Beschläge mit Pilzkopfzapfen

Stangenschloss

Abschließbarer Griff

Kellerfenster
🔒 Abschließbare Fenstergriffe

Aufschraubbare Zusatzschlösser

Einbruchhemmende Gitter

Eingangstür
🔒 Querriegelschloss

Türsprechanlage

Türspion (Blickwinkel über 180 Grad)

Gute Außenbeleuchtung

Was Einbrecher einlädt

1 Hohe Hecken und dichte Bepflanzung

2 Ein- und Aufstiegshilfen wie Geräteschuppen, Mülltonne oder Carport

3 Gekippte Fenster

4 Tagsüber geschlossene Rollläden ohne Hochschiebesicherung

5 Nicht abgeschlossene Türen und ein Schlüssel, der von außen steckt

6 Schlüssel draußen versteckt, zum Beispiel im Blumentopf

Quelle: Einbruch-Report 2016 des Gesamtverbands der Deutschen Versicherungswirtschaft

Keiner muss die Kosten alleine tragen

Ob Eigentümer, Vermieter oder Mieter: Wer sicherer wohnen möchte, muss die Gelder für entsprechende Sicherheitsmaßnahmen nicht allein aufbringen.

Das sind die Möglichkeiten, die Sie derzeit haben. Investitionen in die Sicherheit kosten Geld. Und das nicht wenig: Das Nachrüsten von Fenstern und Türen kann schnell die Tausend-Euro-Marke knacken. Gleichzeitig nimmt die Zahl der Einbrüche zu. Diesem Dilemma begegnete der Staat, als er die Kreditanstalt für Wiederaufbau (KfW) mit öffentlichen Mitteln ausstattete, damit sie diese Gelder an Eigentümer, Vermieter und auch Mieter ausschüttet, die ihre Wohnung gegen Einbruch absichern wollen.

Auch an die Steuer denken

Wer weniger als 2000 Euro investiert, kann die Kosten in der Steuererklärung angeben – da die KfW eine Mindestinvestition von 2000 Euro vorsieht. Von der Steuer absetzen können aber auch die Personen, die mehr als die maximale Förderhöhe der KfW in Höhe von 15 000 Euro bezahlt haben. Sie können die Differenz angeben: Bis zu 6000 Euro lassen sich so als haushaltsnahe Dienstleistung auf der Steuererklärung angeben. Bis zu 20 Prozent des Arbeitslohns, der Fahrt- und Maschinenkosten sowie die anteilige Umsatzsteuer werden erstattet. Ausgaben für Materialien zählen jedoch nicht mit.

→ Fachmann beauftragen

Alle unterstützenden Institutionen verlangen, dass die geförderten Maßnahmen von Fachbetrieben ausgeführt werden. Das bedeutet: Ein Laie darf die Arbeit nicht übernehmen, es müssen Profi-Handwerker sein, die in dem jeweiligen Bereich tätig sind. Immerhin muss das ausführende Unternehmen kein Meisterbetrieb sein.

Bundesweite Unterstützung durch die KfW

Seit dem Jahr 2014 fördert die KfW gezielt den Einbau von einbruchhemmenden Maßnahmen. Für diesen Zweck hat die Kreditanstalt für bestehende Finanzierungsprogramme entsprechende Vorgaben erstellt: Wer seine Immobilie energetisch sanieren oder vorhandene Barrieren reduzieren möchte, kann bei der KfW Zuschüsse über das För-

Förderungen nutzen
Sie wollen Ihr Zuhause sicherer machen? Zögern Sie nicht und beantragen Sie zeitnah die nötigen Mittel bei der Stelle Ihrer Wahl. Oft sind die Töpfe schnell ausgeschöpft.

derprogramm „Energieeffizient Sanieren – Investitionszuschuss (430)" beantragen.

Zinsgünstige Kredite sind ebenfalls möglich: In den Angeboten „Altersgerecht Umbauen (159)" und „Energieeffizient Sanieren (151)" können finanzielle Unterstützungen in Anspruch genommen werden. Ein eigenes Förderprogramm für den Einbau von Sicherheitslösungen gegen Einbruch gibt es nicht. Aber: In den bestehenden Förderprogrammen werden Einzelmaßnahmen wie der Einbau einbruchhemmender Haus- und Wohnungseingangstüren, das Nachrüsten von Schutzmechanismen für Fenster und andere Dinge gefördert. Damit werden die Programme für Kombinationen interessant, wenn Sie beispielsweise besonders umfangreich sanieren möchten. Wer nur einen Querriegel installieren lassen möchte, kann die Leistungen nicht in Anspruch nehmen: Die KfW sieht eine Mindestinvestition von 2000 Euro vor.

Anträge, Kredite, Zuschüsse – klingt alles furchtbar kompliziert? Ist es gar nicht. Mit ein paar Handgriffen haben Sie Ihre Fördergelder beantragt. So geht es:

ⓘ Fragen an Ihre Kommune oder Stadtverwaltung: Sind Förderungsprogramme für die Einbruchprävention geplant? Welche Projekte können gefördert werden – und mit welchen Summen? So plant beispielsweise das Land Schleswig-Holstein das erste Landesprogramm zum Einbruchschutz, das bis 2018 1,6 Millionen Euro zur Verfügung stellt. Hier beträgt der Zuschuss 20 Prozent bzw. maximal 1600 Euro pro Maßnahme.

Checkliste

KfW-Fördergelder beantragen

☐ **Vorher beantragen:** Melden Sie sich vor Beginn der Baumaßnahme bei der Kreditanstalt für Wiederaufbau (KfW). Reichen Sie für eine Förderung das Formular online über kfw.de im „Zuschussportal" ein. Hier machen Sie alle Angaben über sich, Ihre wohnliche Situation, über die geplanten Umbauten und deren Kosten. Im Onlineformular können Sie sich direkt den zu erwartenden Zuschuss anzeigen lassen.

☐ **Auf die Fördernummer achten:** Wenn Sie alle Angaben korrekt eingegeben haben, können Sie das Onlineformular abschicken. Für gewöhnlich erhalten Sie innerhalb einer bis zwei Wochen eine erste Bestätigung und die sogenannte KfW-Zuschuss-Nummer. Bewahren Sie diese Nummer gut auf. Sie brauchen sie später noch.

☐ **Beginn des Umbaus:** Erst wenn der Zuschuss endgültig bewilligt ist – was je nach Menge der bereits eingegangenen Anträge eine Zeit dauern kann – können die Handwerker beauftragt werden. Die daraus resultierenden Rechnungen müssen Sie jedoch zunächst in voller Höhe selbst begleichen.

☐ **Quittungen aufheben:** Der Umbau ist fertig, und alles ist fertig angebracht? Prima, dann können Sie die Auszahlung bei der KfW beantragen. Den KfW-Verwendungsnachweis können Sie als PDF-Datei von kfw.de herunterladen. Auf diesem müssen nun Sie und der Handwerksbetrieb die durchgeführten Arbeiten eintragen. Zudem muss der Fachbetrieb Ihnen bestätigen, dass die Rechnung bezahlt wurde. Hier muss auch die KfW-Zuschuss-Nummer eingetragen werden.

☐ **Prüfung des Vorgangs und Auszahlung:** Schicken Sie nun den Antrag ab. Die Nachweise in Form der Belege nicht vergessen. Der Versand erfolgt digital, die Rechnungen müssen dafür eingescannt und per E-Mail verschickt werden. Alternativ geht's auch per Post. Je nach Aufkommen erhalten Sie nach etwa zwei Monaten den Zuschuss auf Ihr Konto überwiesen.

Regionale Förderungen

Das Land Nordrhein-Westfalen fördert Eigentümer und Vermieter, die bauliche Maßnahmen für den Einbruchschutz sowie zur Verbesserung der allgemeinen Sicherheit ihrer Immobilien erwägen. Das können beispielsweise Nachrüstungen mit elektrischen Türöffnern, Beleuchtungssysteme für die Außenbeleuchtung, Bewegungsmelder oder auch einbruchhemmende Türen mit Türspionen sein. Dafür stellt die NRW.Bank Kredite in Höhe von maximal 25 000 Euro pro Wohnung und höchstens 80 Prozent der Kosten in Mietwohnungen zur Verfügung.

Wer an selbstgenutztem Wohneigentum nachbessern möchte, kann bis zu 85 Prozent der Kosten als Darlehen erhalten. Auch hier gilt: Lassen Sie sich im Vorfeld umfangreich von der NRW.Bank beraten – beantragt werden die Mittel letztlich bei der jeweils zuständigen Stadt- oder Kreisverwaltung.

Wenn Sie in Sachsen beheimatet sind, können Sie die Unterstützung der Sächsischen Aufbaubank in Anspruch nehmen. Dank der Richtlinie zur Förderung der energetischen Sanierung von Wohnraum, des Barriere reduzierenden Umbaus von Wohnraum und der Schaffung von selbstgenutztem Wohnraum wird auch der Einbau sichererer Türen und Fenster in Ein- und Mehrfamilienhäuser gefördert. Durch das Programm „Wohnraumförderung" verbilligt die Bank mit den Mitteln des Landes Sachsen die Darlehen der KfW-Programme für die ersten 10 Jahre.

Wer in Heidelberg wohnt, kann die von der dortigen Polizei empfohlenen mechanischen Maßnahmen bezuschussen lassen. Auch dort haben die Einbrüche in den letzten Jahren drastisch zugenommen. Die Stadt sah sich daher in der Pflicht, ihren Bürgerinnen und Bürgern bei der Sicherung der Immobilien unter die Arme zu greifen. Sie können auf Antrag bis zu 2500 Euro erhalten bzw. 25 Prozent der förderfähigen Aufwendungen erstattet bekommen. Die Mittel aus der „Heidelberger Schlossprämie" können selbst Mieter in Anspruch nehmen. Eine Beratung ist auch hier im Vorfeld ratsam. Erste Informationen bietet die Stadt Heidelberg auf ihrer offiziellen Internetpräsenz www.heidelberg.de. Weitere regionale Förderungen finden Sie im Netz unter www.foerderdatenbank.de.

 **Die Förderung durch die KfW** war 2016 derart beliebt, dass der 49-Millionen-Euro-Topf des Staates restlos verbraucht wurde. Aber keine Sorge: Der Bundeshaushalt sieht für das Jahr 2017 neue Gelder in Höhe von 50 Millionen Euro vor.

Türen und Fenster mechanisch sichern

Einbrecher können sich die Einbruchsstelle frei aussuchen. Deswegen ist es wichtig, alle Schwachstellen an Türen, Fenstern und Garage entsprechend zu sichern.

Durch die Tür, das Fenster oder über den Balkon: Im letzten Kapitel haben wir mögliche Schwachstellen am und ums Haus aufgedeckt. Nun geht es darum, diese Punkte auszubessern. Schließlich gibt der Durchschnittsganove bereits nach wenigen Minuten einen Einbruchsversuch als gescheitert auf.

Wenn Sie in einer Mietwohnung leben, haben Sie nun gute Karten: Die Wohnungstür ist meistens die entscheidende Barriere. Daher ist es oft ausreichend, die Tür mit Stangenschloss oder Querriegel nachträglich abzusichern. Aber auch kleinere Nachbesserungen wie ein neues Schloss oder stabilere Schließbleche im Türrahmen können den Unterschied machen. Eine absolute Sicherheit existiert nicht. Die Behörde und auch die von ihr zertifizierten Handwerker sprechen nur von einbruchhemmend. Allerdings sind Einbrecher faul, haben keine Zeit und hassen Lärm. Mechanischer Schutz verspricht daher eine gute Sicherung. Wenn Sie hingegen ein Haus besitzen, sollten Sie auch die Fenster überprüfen. Je nach Lage und der örtlichen Gegebenheiten sind diese ein sehr beliebtes Angriffsziel. Als Grundausstattung sollte jedes Fenster nach der Sicherheitsnorm DIN EN 1627 zertifiziert sein und Beschläge mit stabilen Pilzkopfzapfen haben. Diese kleinen, beweglichen Verschlusszapfen sitzen an der Innenseite des Fensters. Die Pilzform ist wichtig: Diese Köpfe haken sich in das passende Gegenstück am Fensterrahmen ein – der Dieb kann das Fenster nicht aufhebeln. Wer keine neuen Fenster einbauen möchte, kann auf zusätzliche Sicherungen zurückgreifen. Darüber hinaus gibt es Zusatzschlösser oder abschließbare Griffe für die verschiedensten Formen von Fenstern.

→ Der Einbau ist entscheidend

Einbruchhemmende Türen und Fenster sind nur dann ein wirklicher Schutz, wenn sie fachgerecht eingebaut wurden. Wer kleine Umbauten selber durchführt und sich dabei strikt an die Anleitungen der Hersteller hält, hat nichts zu befürchten. Wer sich unsicher ist oder größere Projekte plant, sollte stets einen Fachmann zu Werke gehen lassen. Lassen Sie sich dann aber auf jeden Fall eine Montagebescheinigung aushändigen. Ihr örtliches Polizeipräsidium berät Sie gerne und nennt vertrauenswürdige und zertifizierte Handwerker.

Die Wohnungstür absichern

Hat ein Einbrecher ein Mehrfamilienhaus im Visier, bricht er in der Regel über die Eingangstür in die Wohnung ein. Der Vorteil dabei: Sie können sich darauf vorbereiten.

Das Schloss kann noch so hochwertig sein: Wenn es die einzige Sicherung der Wohnungstür ist, kommt ein ungebetener Gast schnell hinein.

Für geübte Einbrecher sind die herkömmlichen Schließmechanismen keine große Hürde: Entweder bohren sie die Zylinder heraus, hebeln die Türe auf oder wenden einfach rohe Gewalt an und treten kurzerhand die Wohnungstür ein. Der Gesamtverband der Deutschen Versicherungswirtschaft fand in einer Untersuchung heraus, dass stumpfes Eintreten in 5,3 Prozent der Einbruchsfälle vorkommt.

Solide Basis
Eine Wohnungstür aus stabilem Holz oder Kunststoff samt festem Kern ist eine gute Grundlage für weitere Sicherungsmaßnahmen.

Öffnungen wie Briefschlitze, Katzenklappen oder Türfenster eröffnen raffinierteren Einbrechern die Möglichkeit, die Tür ohne große Geräuschentwicklung zu entriegeln.

> 66 **Wir empfehlen, den Einbau einbruchhemmender Technik in die Hände von Fachleuten zu legen.** 66

Kriminalhauptkommissar Jens Fritsch, Fachberater für Einbruchschutz beim Landeskriminalamt Berlin

Da die Tür in einem Mehrfamilienhaus die meist genutzte Einfallsstelle ist, haben Sie den Vorteil, dass sich die Sicherungsmaßnahmen auf sie konzentrieren. Zwar sollten Sie auch an sichere Fenster und Balkontüren denken – die Wohnungstür ist aber als Erstes zu schützen. Dabei haben Sie zahlreiche Möglichkeiten.

Türen verstärken

Überprüfen Sie zunächst den Aufbau Ihrer Wohnungstür, bevor Sie in Schlösser, Bügel und zusätzliche Hardware investieren. Das stärkste Schloss bringt schließlich nichts, wenn die Grundlage wackelig ist: Eine stabile Tür mit soliden Scharnieren und Zargen ist das A und O. Darüber hinaus sollte das Türblatt stabil genug sein, dass es die geplante Nachbesserung problemlos trägt.

Wer nicht gleich seine ganze Eingangspforte austauschen möchte, kann die Türe etwa durch eine aufgesetzte Holzplatte verstärken. Sie sollte mindestens 12 Millimeter dick sein und beispielsweise aus Birke oder Kiefer bestehen. Stabiler ist jedoch eine Stahlblechplatte, die mindestens 3 Millimeter dick ist. Die Platte sollte von innen auf dem vorhandenen Türblatt an möglichst vielen Stellen verschraubt werden. Dazu müssen die Schrauben durch Unterlegscheiben unterstützt werden. Achten Sie darauf, dass die Schrauben nicht durch das vordere

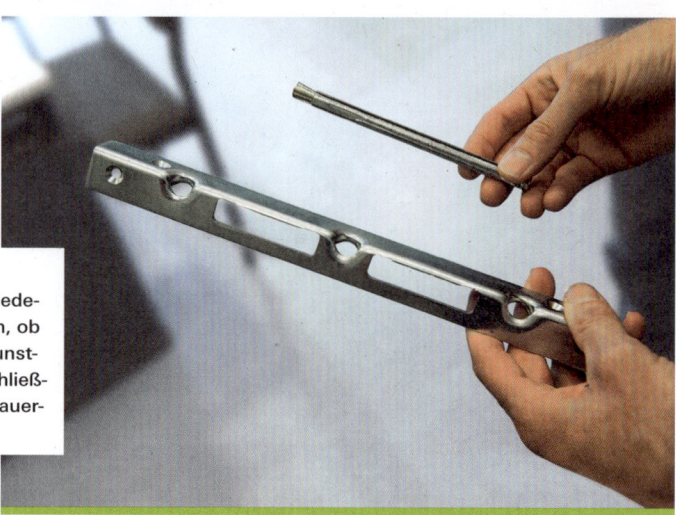

Gut verankert
Schließbleche gibt es in verschiedenen Ausführungen – je nachdem, ob die Tür aus Holz, Metall oder Kunststoff ist. In jedem Fall sollten Schließbleche mit langen Dübeln im Mauerwerk befestigt werden.

Türblatt dringen. Wichtig: Die Türe sowie die Scharniere müssen das zusätzliche Gewicht tragen können. Besprechen Sie sich daher im Zweifelsfall lieber mit einem Schreiner vor Ort.

Verstärktes Schließblech

Jede Tür ist nur so stark wie ihr schwächster Punkt. Daher ist es wichtig, neben stabilen Türblättern und Zargen auch stabile Schließbleche zu haben. Das Schließblech sitzt gegenüber dem Schloss im Türrahmen. Hier schnappt die Türe zu, und der Riegel rastet durch das Schließblech ein. Hier setzen die Einbrecher als allererstes den Schlitzschraubendreher an, um die Tür aufzuhebeln. Viele Schließbleche bestehen aus schwachem Material, haben eine mangelhafte Befestigung oder sind schlicht zu kurz.

Achten Sie bei Ihrer Haus- oder Wohnungstür auf diese Mindestvoraussetzungen: Das Schließblech sollte aus Stahl bestehen, das Material muss mindestens 3 Millimeter dick sein. Wenn eine Befestigung ins Mauerwerk bauartbedingt nicht möglich ist, sollte es zudem 50 Zentimeter lang sein. Je länger es ist, desto besser verteilt sich die mögliche Krafteinwirkung. Denn auch die Befestigung des Schließblechs spielt eine wichtige Rolle: Es sollte auf die verwendeten Materialien der Tür abgestimmt sein. Je nach Bauart wird es mit Schwerlastdübeln ins Mauerwerk oder in den Türrahmen verankert. Da hierbei viele Komponenten auf-

✗ Achtung bei baulichen Veränderungen in einer Mietwohnung. Sprechen Sie sämtliche Eingriffe vor der Durchführung mit Ihrem Vermieter ab. Hält dieser nichts von einem selbst organisierten Upgrade der Wohnungstür, müssen Sie ihm beim Auszug womöglich eine komplett neue Tür einbauen – und das wird dann richtig teuer.

Sichere Scharniere
Die Bandsicherung vom deutschen Anbieter Abus schützt die Tür. Dank einer verständlichen Anleitung kann der Einbau auch in Eigenregie vorgenommen werden. Die Sicherung TAS 112 mit der Artikelnummer 26116 ist bereits ab 40 Euro im Handel erhältlich.

einander abgestimmt werden müssen, sollte hier definitiv ein Profi zu Rate gezogen werden. Richtig angebracht, ist ein ausreichend langes, verstärktes Schließblech ein weiterer Schutz gegen das Aufhebeln der Eingangstür.

Auch die Scharnierseite sichern

Bei der Sicherung von Haus und Wohnung sollte die gesamte Tür überprüft und nach Bedarf gesichert werden. Denn: Mögen Schloss und Schließblech einem Einbruchversuch standhalten, kann die Tür immer noch an der Scharnierseite angegriffen werden. Das zeigt: Eine zusätzliche Sicherung der Scharnierseite kann dafür sorgen, dass die Türe gegenüber einem Brachialversuch besser geschützt ist.

Hängt die Tür nur in einfachen, ungesicherten Angeln, können die Einbrecher die Türe dort einfach aufhebeln. Dafür stemmen die Ganoven die Türe mit grober Gewalt nach oben, die Türe fällt aus den Angeln und mit einem Ruck kommen Sie dann problemlos in die Wohnung. Es gab auch Fälle, bei denen eine Tür einfach aus den An-

geln getreten wurde – während das Schloss auf der anderen Seite noch intakt war.

Herkömmliche Scharniere sind in der Regel nur mit einem Trägerbolzen sowohl im Türblatt als auch im Türrahmen angebracht. Eine sogenannte Band- bzw. Scharniersicherung erhöht den Widerstand der Türe ungemein.

Achten Sie darauf, dass die Scharniere nicht außen liegen. Hier können sie problemlos erfasst und zerstört werden. Wenn Ihre Wohnungstür so aufgebaut ist, sollten Sie in jedem Falle eine zusätzliche Bandsicherung installieren lassen. Ihr Schreiner oder Schlosser kann Ihnen hier behilflich sein.

Eine weitere Möglichkeit der zusätzlichen Sicherung ist es, sogenannte Hinterhaken einzubauen. Dabei handelt es sich um solide Zapfen, die auf dem Türblatt befestigt werden und in verstärkte Aussparungen greifen, die wiederum am Türrahmen fest im Mauerwerk angebracht sind. Ein Aufhebeln der Türe an der Scharnierseite wird mithilfe der Hinterhaken erheblich erschwert.

Mit Sicherheit

Achten Sie beim Austausch von Einsteck-
schlössern auf einbruchhemmende Modelle,
die nach der Norm DIN 18251 ab Klasse 4
zertifiziert sind. Die dazu passenden Schließzylinder sollen die Angriffswiderstands-
klasse 2 nach DIN 18252 haben.

Klein aber wichtig:
Sichere Türschlösser

Die Tür an sich ist stabil und bereits mit ersten Nachbesserungen zusätzlich abgesichert?
Dann sollte man ins Detail gehen: Als erstes
gilt es, das Schloss zu überprüfen.

Dabei fällt einem wohl zunächst der Zylinder auf: Er darf auf der Außenseite auf
keinen Fall über das sogenannte Schließblech hinausragen. Zu leicht kann er sonst
mit einer festen Zange gegriffen und abge-
brochen werden. Der Zylinder bricht dann
samt den Stiften ab, die Tür ist nicht mehr
verschlossen.

Ist der Zylinder zu lang, können Sie versuchen, ihn entweder nach innen zu verla-
gern, sodass er in der Wohnung über das
Schließblech hinausragt oder ihn einfach
austauschen. In beiden Fällen müssen Sie
die sogenannte Stulpschraube lösen. Sie
befindet sich an der Schmalseite der Tür
direkt unter dem Schließriegel. Sie arre-
tiert den Zylinder im Schlosskasten und
verhindert somit das Herausziehen. Lösen
Sie die Schraube, und ziehen Sie den Zylinder heraus.

Beachten Sie, dass es Schlösser in verschiedenen Bauformen gibt: Profilzylinder,
Ovalzylinder oder Rundzylinder. Gute Exem-
plare der unterschiedlichen Modelle erhalten Sie für rund 40 Euro im Baumarkt oder
im Fachhandel.

„Viel hilft viel" – Wer ein einbruchhemmendes Zylinderschloss
einbauen möchte, kann beim Kauf die Qualität prüfen: Achten Sie
beim Kauf auf die Zertifizierung. Darüber hinaus soll der Schließzylinder mindestens fünf Stiftzuhaltungen haben. Das können Sie am Schlüssel
ablesen: Jeder größere Einschnitt im Bart steht für einen Stift im Schloss.
Für Schließzylinder empfiehlt die Polizei die Klassen 4 und 5 nach DIN 18251.

Besserer Schutz für kleines Geld: Kastenzusatzschlösser

Wer eine Wohnungstür nur mit dem herkömmlichen Türschloss sichert, sollte aufrüsten. Bei kleinem Geldbeutel oder in einer Mietwohnung sind die Möglichkeiten aber begrenzt.

Kastenzusatzschlösser für die Wohnungseingangstür sind bereits ab rund 40 Euro beim Schlosser erhältlich. Damit das zusätzliche Schloss nicht unmittelbar bei Gewaltanwendung aus dem Rahmen bricht, sollte ein Kastenzusatzschloss stets zusammen mit einer Bandsicherung zum Einsatz kommen. Darüber hinaus wird so auch gleich die Scharnierseite der Wohnungstür geschützt. Praktisch sind zudem Modelle, die einen stabilen Bügel aufweisen. Auf diese Weise kann man bei Anwesenheit von innen abschließen und die Tür einen Spalt breit öffnen, um zu sehen, wer vor der Wohnung um Einlass bittet. Wer äußerst solide aufrüsten möchte, sollte ein Kastenzusatzschloss zusammen mit einem Vertikalstangenschloss installieren.

Wer eine zusätzliche Sicherung an seine Wohnungstür anbringen möchte, kann diese Umbaumaßnahme mit etwas Umsicht alleine durchführen, wie unsere Anleitung ab Seite 60 zeigt. In einer Mietwohnung klärt man am besten aber vorher ab, ob der Vermieter dem Eingriff zustimmt.

Grundsätzlich ist das Wichtigste die Verankerung im Türrahmen bzw. in der Türzarge. Das Schloss an sich sitzt auf dem Türblatt. Bedeutet: Das Kastenschloss wird von innen angebracht – von außen sieht man letztlich nur den Zylinder. Je nach Türbeschaffenheit muss unter den Schlosskasten eine Falzunterlage angebracht werden. Diese liegt in der Regel als Zubehör dem Schloss bei und gleicht Tiefenunterschiede zwischen Türfalz und Mauerwerk aus.

Das Kastenzusatzschloss von Abus (Modellnummer 7035) bot trotz des Preises von immerhin rund 80 Euro wie die anderen getesteten Kastenzusatzschlösser nur einen rudimentären Schutz.

So geht's: Kastenzusatzschlösser anbringen

Diese Werkzeuge benötigen Sie: Bohrmaschine, Lochsäge oder Lochfräse, Akkuschrauber oder Schraubendreher, Stift

1 **Jedem Schloss** liegt eine Falzunterlage bei. Bringen Sie sie zunächst mit den kleineren Dübeln und Schrauben am Türrahmen an. Sie können die übrigens als praktische Bohrschablone verwenden. Zeichnen Sie am Türrahmen die entsprechende Markierungen an. In diese werden anschließend mit der Bohrmaschine die Löcher für die langen Rahmendübel gebohrt. Diese sind elementar wichtig, denn sie sichern das Schloss vor grober Gewalteinwirkung.

2 **Halten Sie anschließend** die Schablone für das Kastenschloss haargenau an die Falzunterlage und zeichnen Sie die zu bohrenden Löcher auf dem Türblatt an. In der Regel werden für Holzbohrarbeiten 10-Millimeter-Holzbohrer verwendet. Bohren Sie alle Löcher und fräsen Sie zuletzt mithilfe der Lochfräse den größeren Kanal für den Schließzylinder.

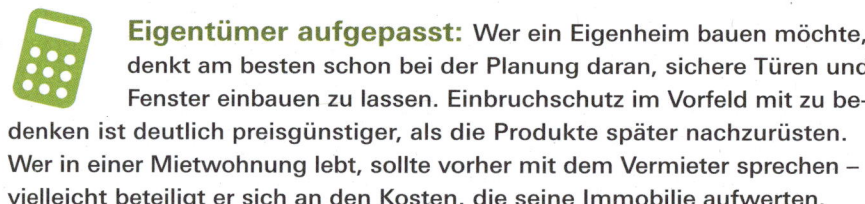

Eigentümer aufgepasst: Wer ein Eigenheim bauen möchte, denkt am besten schon bei der Planung daran, sichere Türen und Fenster einbauen zu lassen. Einbruchschutz im Vorfeld mit zu bedenken ist deutlich preisgünstiger, als die Produkte später nachzurüsten. Wer in einer Mietwohnung lebt, sollte vorher mit dem Vermieter sprechen – vielleicht beteiligt er sich an den Kosten, die seine Immobilie aufwerten.

3 **Nun wird es ernst:** Setzen Sie von außen das Schloss in das frisch gebohrte Loch. Achten Sie darauf, dass die Zylinder für die anderen Halteschrauben in den zuvor gebohrten Löchern verschwinden. Unter Umständen müssen Sie noch die Länge des Vierkantstifts auf die Tiefe des Türblatts anpassen. Verschrauben Sie zum Schluss den Schlosskasten auf der Innenseite der Tür.

4 **Zu guter Letzt** müssen Sie nur noch die Abdeckhaube des Kastenschlosses aufsetzen. Fertig ist der Einbau Ihres Kastenzusatzschlosses.

DIE 3 BESTEN BOHR-TRICKS

1 Grundsätzliches
Achten Sie darauf, beim Bohren zunächst mit einem kleinen Durchmesser zu beginnen. Der Gedanke dahinter ist der, dass Sie das Loch erst einmal vorbohren. Anschließend können Sie dieses Loch nutzen, um den größeren Bohrer zu führen. Auf diese Weise rutschen Sie nicht ab.

2 Ins Mauerwerk bohren
Sicherheitsschlösser müssen tief in der Wand verankert werden – sonst brechen sie bei Gewalteinwirkung zu leicht heraus. Besteht die Wand zudem aus Vollsteinen mit dichtem Gefüge – wie etwa Backstein oder Klinker –, müssen Sie womöglich eine Schlagbohrmaschine einsetzen.

3 Ins Türblatt bohren
Bei der Installation am Türblatt helfen Ihnen Holzspiralbohrer. Diese haben eine lange Zentrierspitze mit zwei Vorschneidern, welche die Holzfaser zunächst anritzen, bevor die Spanheber das eigentliche Loch bohren. Setzen Sie Holzspiralbohrer daher haargenau auf die markierte Stelle an.

Solider Schutz mit einem Querriegelschloss

Schnell eingebaut, preiswert und der beste Schutz gegen aufgebrochene Wohnungstüren. Ein quer laufender Panzerriegel ist eine solide Investition gegen Einbruch.

 Ihre abschreckende Wirkung ist für Einbrecher bereits von außen gut zu sehen: Querriegelschlösser, auch Panzerriegel genannt, verlaufen über die gesamte Breite einer Eingangstür. In der Regel besitzen sie exakt in der Mitte einen Schließzylinder, der von außen erkennbar ist. Alleine das genügt oft schon, um den Einbrecher abzuschrecken: Eine Tür mit einem korrekt installierten Querriegel zu knacken, ist für die meisten Ganoven nahezu unmöglich. Wenn dann auch noch das Türblatt stabil ist, versuchen es viele Einbrecher gar nicht erst.

Da ein Panzerriegel gleich beide Türseiten absichert, benötigen Sie nicht zusätzlich das neueste Schloss. Achten Sie nur darauf, dass es eine Zylinderabdeckung hat, die den Schließzylinder gegen das Herausziehen oder Aufbohren sichert.

Wer die Tür bei unangemeldetem Besuch einen Spaltbreit öffnen möchte, sollte zu Querriegelschlössern mit einem Sperrbügel greifen. Möchten Sie den Einbau selber vornehmen, sollten Sie das Schloss in Hüfthöhe, direkt unterhalb der Türklinke, einbauen. An dieser Stelle können Einbrecher die größte Hebelkraft – etwa durch kräftige Fußtritte – ansetzen.

→ Auch an den Keller denken

Wer in einem Einfamilienhaus wohnt, sollte auch nach außen führende Kellertüren mit einem Querriegel bedenken. Alternativ hilft hier eine stabile

Der Panzerriegel PR2700 von Abus ist mit rund 240 Euro sehr preisgünstig und sichert eine Tür sehr gut gegen Einbruch.

So knacken Einbrecher das Schloss

Viele Türschlösser werden mit vergleichsweise einfachen Mitteln geknackt.

1 Abbrechen: Schnell und brachial: Ragt der Schließzylinder des Schlosses über das Schließblech hinaus, können Kriminelle den Zylinder mit einer Zange packen und kurzerhand abbrechen. Hier hilft ein neues Schloss oder eine Sicherheitsrosette, die den herausragenden Zylinder verdeckt.

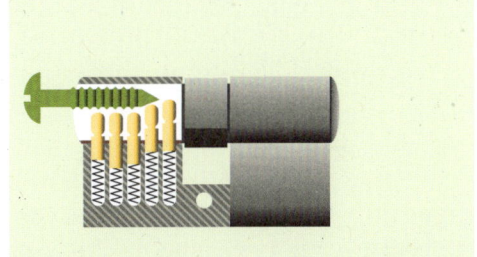

2 Herausziehen: Der Zylinder muss gar nicht zwingend aus der Tür hervorstehen: Der Einbrecher bohrt eine Schraube in das Schloss. Diese fungiert nicht als Dietrich, sondern als eine Art Korkenzieher. Sobald sie fest im Schloss steckt, setzt der Ganove am Schraubenkopf an und hebelt den Zylinder mit einer Ziehglocke heraus.

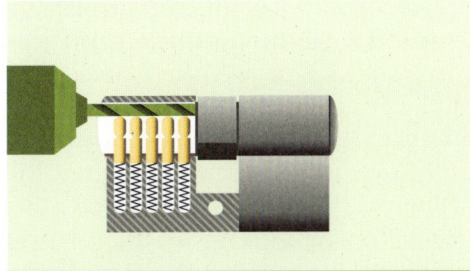

3 Aufbohren: Ein Zylinderschloss funktioniert so, dass im Inneren eine Reihe von Stiften in die richtige Position gebracht werden müssen. Statt aber lange am Schloss herumzufummeln, bohren es viele Einbrecher einfach auf. Mit einem Akkubohrer zerstören sie die Stifte – der Schließmechanismus zerbröselt in seine Einzelteile.

4 Dietrich: Der fast schon klassische Weg, ein Schloss zu knacken, führt über einen Dietrich. Mit dem speziell ausgerichteten Werkzeug können die Stifte in die richtige Position gebracht werden, das Schloss entriegelt und die Tür springt auf – wenn sie nicht mit weiteren Maßnahmen wie einem Querriegel gesichert wurde.

Türschutz im Überblick

Ein Querriegel sichert eine stabile Tür optimal gegen Einbruch, da er auf beiden Seiten im Mauerwerk verankert wird. Auch für den kleinen Geldbeutel: Ein Kastenzusatzschloss sichert das Türblatt zwar nicht vor stumpfer Gewalt – ein Aufhebeln der Tür wird aber etwas erschwert. Ideal für Flügeltüren oder ihre verzierte Varianten in einem Altbau: Vertikale Türstangenschlösser sichern die Wohnungstür auf der Schließseite.

Vorlegestange aus Metall, die von innen in zwei passende Winkel am Türrahmen eingesetzt wird. Zwar kann man die Tür dann nur noch von innen öffnen, aber ein Einbruch wird so erheblich erschwert.

Starke Türen noch sicherer machen

Querriegelschlösser können eine stabile Tür aus festem Material noch sicherer machen. Wichtig ist, dass die Wohnungspforte geeignet ist: Das Türblatt sollte flach und und frei von Kassetten sein. Das sind, vereinfacht gesagt, mehrere Bretter, die zu einem Türblatt zusammengeleimt wurden. Ein Querriegel schützt zwar davor, dass die gesamte Tür aufgehebelt wird, besteht sie aber aus Kassetten, sind diese eine viel größere Schwachstelle als eine gut verankerte Tür. Auch sollte das Türblatt keine Verzierungen haben,

wie gerade bei Altbauten häufig der Fall. Bei solchen Türen liegt ein Querriegel schlecht auf und wird in der Regel auch nicht verbaut. Hier hilft ein vertikales Stangenschloss (siehe Seite 65).

Eine dünne Wohnungstür aus Röhrenspan sollte gar nicht erst zusätzlich gesichert werden, denn bei einer derart leichten Tür nutzt auch die beste Sicherung nichts – ein fester Fußtritt, und die Tür zersplittert unter der stumpfen Gewalt. In diesem Fall sollte zunächst also das Türblatt mit einer Metallplatte verstärkt werden. Wichtig: Achten Sie dann auch auf ausreichend starke Scharniere, die das zusätzliche Gewicht von Metallplatte und Querriegel tragen können. Je nach örtlichen Gegebenheiten kann es wirtschaftlicher sein, ein Komplettangebot eines Schreiners einzuholen und die komplette Tür zu modernisieren.

Hoch hinaus: Vertikalstangenschloss

Besonders gut für Türen, die aus der Rolle fallen: Vertikale Stangenschlösser schützen die Schließseite und verstärken das Türblatt über die gesamte Höhe.

Für alle Türen, an denen ein Querriegelschloss nicht oder nur schlecht montiert werden kann: Vertikale Türstangenschlösser verlaufen über die gesamte Höhe der Eingangstür. Sie bieten einen guten zusätzlichen Schutz gegen Wohnungseinbrüche. Gerade Flügeltüren profitieren von ihnen: Kein Querriegelschloss sichert eine Flügeltür über die gesamte Breite ab. Zu groß ist der Abstand zwischen den Türrahmenpfosten.

Ein Stangenschloss ist hier eine gute Alternative, da es ober- und unterhalb der Türe fest verankert wird. Aber auch Altbautüren können mit ihnen gut gesichert werden: Die teils aufwendig verzierten Türen in einem älteren Gebäude sind meistens mit Zierleisten, Kassetten oder hübschen Ornamenten oder gar Fensterchen versehen. Das erschwert den Einbau eines quer laufenden Panzerriegels.

→ Für jedes Fenster das passende Schloss

Ein vertikales Türstangenschloss lässt sich auch prima für den Schutz einer Terrassen- oder Balkontür im Einfamilienhaus verwenden. Das Stangenschloss FOS550 von Abus beispielsweise ist ein Zusatzschloss für Fenster und Fenstertüren mit zwei Sicherungspunkten – je einem oben und unten. Sein Clou: Es ist besonders schmal konstruiert und eignet sich auch für Fenster.

Das Fenster-Stangenschloss FOS550A von Abus ergänzt Fenster um zwei Sicherungspunkte oben und unten. Der eingebaute Alarm soll bereits beim Einbruchsversuch auslösen.

Checkliste

Die wichtigsten Punkte bei der Türsicherung

Der Einbau von zusätzlichen Schlössern kann je nach Beschaffenheit von Tür- blatt und -rahmen schwierig werden. Setzen Sie sich daher mit einem Sicher- heitsfachmann vor Ort zusammen. Für ihn ist es wichtig, wie die zu sichernde Wohnungstür beschaffen ist.

Massives Türblatt oder nur Waben- bzw. Röhrenkonstruktion?

Wenn das Türblatt nicht stabil und massiv genug ist, brauchen Sie sich über zusätzliche Schlösser eigentlich gar keine Gedanken zu machen, be- vor die Tür selbst nicht einbruchhem- mend stabil ist.

Altbau- oder Neubautür?

Je nach Bauart kann an einer Altbau- tür aufgrund von Zierleisten oder Kas- setten nur ein vertikales Türstangen- schloss verbaut werden.

Mit Falz oder ohne?

Eine Wohnungstür ohne Falz – eine Stumpftür – hat an ihrer schmalen Kan- te keinen Absatz und „versinkt" beim Schließen im rechten Winkel im Türrah- men. Eine Tür mit einem treppenför- migen Falz liegt hingegen am Rahmen auf – diese Bauart dämmt besser Schall und Kälte. Für einen Querriegel muss man dann in der Regel aber Distanz- platten einsetzen, um den Türrahmen- überstand auszugleichen. Daher ist es wichtig zu wissen, ob Ihre Tür einen Falz hat oder nicht.

Einflügelig oder mehrflügelig?

Ob eine Tür einflügelig oder mehrflü- gelig ist, hat man schnell festgestellt. Allerdings können Doppelflügeltüren auch unterschiedliche Öffnungsrichtun- gen haben. Je nach Beschaffenheit ist hier also ein etwas höherer Aufwand in Betracht zu ziehen, wenn eine Doppel- flügeltür zusätzlich gesichert werden soll. Sprechen Sie darüber mit Ihrem Fachmann für Türsicherheit.

Die Scharnierseite nicht vergessen

Wenn die Eingangstür an der Schar- nierseite nur einfach eingehängt ist oder die Scharniere kaum das Gewicht der Tür tragen können, muss sie zum Beispiel durch zusätzliche Zapfen ver- stärkt werden, die beim Schließen in den Rahmen greifen und die Tür so ge- gen Aufhebeln schützen.

Die Fenster sichern

Bewohner von Einfamilienhäusern sollten verstärkt auch
die Fenster mit einbruchhemmenden Produkten ausrüsten.
Sie sind bei einem Haus primäres Ziel von Einbrechern.

Wer sich den Traum vom eigenen Haus erfüllt hat oder erst noch mit dem Bau beginnen möchte, sollte ein paar Vorkehrungen treffen. Sobald einbruchhemmende Materialien und Produkte zu bedenkenlos ignoriert werden, kann aus dem Traum schnell ein Albtraum werden. Grundsätzlich gelten bei der Absicherung der eigenen vier Wände die gleichen Grundregeln wie beim Sichern einer Mietwohnung: Eine hundertprozentige Sicherheit gibt es nicht – es geht darum, abzuschrecken und es den potenziellen Eindringlingen so schwer wie möglich zu machen.

Und da beginnen beim Eigenheim im Grünen die ersten Unterschiede zur zentralen Stadtwohnung: Das erste Ziel ist nicht der Haupteingang, sondern mit fast 41 Prozent ein Erdgeschossfenster oder die Tür zum Balkon oder zur Terrasse. Das belegen Zahlen des aktuellen Einbruchreports des Gesamtverbands der Deutschen Versicherungswirtschaft.

Übrigens: Je größer ein Fenster ist, desto mehr zusätzliche Sicherungen sollten installiert sein. Nur so können Sie sicher gehen, dass Flügel und Rahmen möglichst lange einem Einbruchsversuch standhalten. Achten Sie also bei dem Upgrade sowohl auf die Öffnungs- als auch auf die Scharnierseite. Da Einbrecher es sich so einfach wie möglich machen, ist oft die Unterseite des Fensters am meisten gefährdet, da sie dort am besten herankommen.

Von Beginn an mitdenken

Das Nachrüsten einbruchhemmender Mittel ist immer teurer, als wenn man das beim

Vertikale Türstangenschlösser gibt es in verschiedenen Ausführungen. Das Stangenschloss VSBR für Gehflügel von Econ hat zwei stabile Stangen, die einer statischen Belastung sehr gut standhalten.

Zu alt zum Aufrüsten?
Alte Fenster vor Baujahr 1990 sollten nicht mehr mit einbruchhemmenden Mitteln nachgerüstet werden. Wer modernisiert, kann zudem von einer besseren Wärmedämmung profitieren.

Bau gleich berücksichtigt. Bauherren sollten daher schon beim Neubau an den Einbruchschutz denken. Fragen Sie Ihren Architekten, Bauträger oder Fertighausanbieter auch nach dem Einbruchschutz. Neben der technischen Aufrüstung ist aber auch wichtig, wo sich Mülltonnen, Rankhilfen für Zierpflanzen oder der Geräteschuppen befinden. Was in einer Mietwohnung eher zweitrangig ist, wird beim eigenen Grundstück eine wichtige Frage. All diese Dinge sollten nämlich so platziert werden, dass Einbrecher sie nicht als Steighilfe zu den oberen Etagen nutzen können. Sind diese grundlegenden Spielregeln bedacht, kann man sich an die einzelnen Schwachpunkte begeben und mit gezielten Maßnahmen ausbessern.

Wer im ganzen Hause einbruchhemmende Maßnahmen einbauen möchte, sollte auch bei den Fenstern zunächst die Grundlage begutachten. Holen Sie sich daher lieber vor dem Upgrade die sachkundige Meinung eines Fensterbauers ein. Er kann Ihnen sagen, ob es sich überhaupt lohnt, das Fenster aufzurüsten. Das ist in der Regel bei den meisten Holz- und Kunststofffenstern ab dem Baujahr 1990 möglich. Wird die Aufrüstung zu kostspielig, können Sie über ein komplett neues Fenster nachdenken. Das sollte mindestens die Anforderungen der Sicherheitsklasse 2 (nach der Norm DIN EN 1627) erfüllen.

→ Stabile Fenster als sichere Basis

Auch bei Fenstern kommt es auf die richtige Grundlage an. Je nach Beschaffenheit lohnen sich verschiedene Aufrüstmöglichkeiten.

Daher: Prüfen Sie, wie sicher die Beschläge sind. Dabei handelt es sich um den Teil des Fensters, der den beweglichen Teil, den Fensterflügel, mit dem unbeweglichen Part, dem Fensterrahmen verbindet. Und sehen Sie am geöffneten Fenster auch nach, welche

Gegen den Hebel
Pilzkopfzapfen verhindern das Aufhebeln von Fenstern. Die Verschlusszapfen sitzen auf den Beschlägen im Fensterflügel und verhaken sich im passenden Gegenschließblech im Fensterrahmen. Die Vorgänger in Form der Rollzapfen sollten ausgetauscht werden.

Form die beweglichen Verschlusszapfen haben. Sie sollten eine Pilzform haben. Die sogenannten Pilzkopfzapfen sind ebenfalls bewegliche Verschlusszapfen an der Innenseite des Fensterflügels. Allerdings ist die Pilzform hier sehr wichtig, denn damit verhaken sie sich mit den Gegenstücken am Rahmen. Ein Aufhebeln des Fensters wird auf diese Weise verhindert. Fragen Sie Ihren Fachmann vor Ort: Je nach Beschaffenheit können Sie an Ihrem Fenster veraltete Rollzapfen durch die sicheren Pilzkopfzapfen austauschen.

Der Austausch der Fensterbeschläge und der Einbau von Pilzkopfzapfen ist für den Laien nicht einfach. Der Flügel muss in der Regel komplett ausgebaut und passend zum Fensterfalz ein neuer Beschlag eingesetzt werden. Konsultieren Sie daher besser einen Fensterbauer. Der Profi hilft Ihnen, passgenaue Sicherheitsbeschläge mit Pilzkopfzapfen einzusetzen. Sind passende Einzelteile nicht mehr lieferbar, kann man über den Einsatz von zusätzlichen Fensterschlössern nachdenken. Diese bieten auch einen zusätzlichen Schutz.

> ❝ **Ob zwei- oder dreifach verglast – das interessiert die meisten Einbrecher nicht besonders. Eine Dreifachverglasung ist kaum sicherer als eine zweifache.** ❞
>
> **Georg von Strünck,** Hauptkommissar, Einbruchschutz und technische Prävention beim LKA Berlin

Öffnet sich nicht
Einbrecher, die den Lärm nicht scheuen, schlagen das Fensterglas ein. Hier helfen abschließbare Fenstergriffe.

Abschließbare Fenstergriffe

Schützen Sie sich vor einem Frontalangriff: Verschließbare Fenstergriffe verhindern bei Durchbruch der Scheibe, dass sich das Fenster von außen öffnen lässt.

Fenstergriffe mit Schloss sind besonders wichtig für das Erdgeschoss sowie für gut erreichbare Obergeschosse. Denn Fenster werden nicht nur aufgehebelt. Oft kommt brachiale Gewalt gegen die Scheibe zum Einsatz, um durch das Loch zu greifen und das Fenster von innen mit einem schnellen Griff ganz zu öffnen.

Abschließbare Griffe erhalten Sie im Fachhandel oder im gut sortierten Baumarkt. Achten Sie beim Kauf auf die Norm DIN 18267. Sie garantiert, dass der geprüfte Griff Dreh- und Abreißkräfte von mindestens 100 Newtonmeter verkraftet. Wer handwerklich ein gewisses Geschick an den Tag legt, kann einen abschließbaren Fenstergriff ganz einfach selbst einbauen, wie die Anleitung ab Seite 71 zeigt.

Das sagt die Polizei
Hauseigentümer sollten einen Fenstergriff mit mindestens 100 Newtonmeter Verdrehwiderstand wählen. Diese Modelle sind wirklich einbruchhemmend. Mit etwas Geschick lassen sie sich leicht nachrüsten. Günstige Griffe, die eher als Kindersicherung gedacht sind, sollten vermieden werden.

Achtung bei Mietwohnungen: Fragen Sie Ihren Vermieter, bevor Sie Griffe austauschen oder Löcher in die Kunststoffrahmen bohren – womöglich ist er nicht mit der Aufrüstung einverstanden. Bei vorheriger Absprache kommt er Ihnen aber vielleicht sogar mit den Kosten entgegen. Schließlich steigt so auch der Wert des Wohnobjektes – und die Fenstergriffe werden bei Auszug in der Regel dem Nachmieter überlassen.

So geht's: Abschließbare Fenstergriffe einbauen

Für manche Maßnahmen müssen Sie nicht gleich einen Profi beauftragen. Verschließbare Fenstergriffe kann mit etwas Geduld jeder einbauen. Diese Werkzeuge benötigen Sie: Akkuschrauber, ggf. passende Schrauben zum Griff und Fenstermaterial (falls nicht beiliegend), ggf. Siebhülsen und Injektionsmörtel oder ein fertiges Befestigungsset.

1 **Wenn Sie einen Griff** der gleichen Marke gekauft haben, den Sie bereits im Fenster verbaut haben, können Sie das Schloss im Flügel lassen. Schrauben Sie den alten Fenstergriff ab, indem Sie die beiden Schrauben lösen. Ziehen Sie den Griff mit samt dem Vierkantstift heraus.

2 **Wenn Sie jedoch** einen neuen und womöglich stabileren Griff installieren möchten, kommt dieser in der Regel mit einem eigenen Schließkasten. Dieser muss auf gleicher Höhe direkt neben dem Schloss auf den Rahmen montiert werden. Jedem Griff liegen verschiedene Kunststoffunterlagen bei, mit denen Sie die exakte Höhe des Schließkastens einstellen können.

ⓘ **Zweiflügelige Fenster** können mit einem entsprechenden Doppelflügelschloss abgesichert werde. Das Abus DFS 95 beispielsweise eignet sich für Doppelflügelfenster und Fenstertüren aus Kunststoff, Aluminium und Holz.

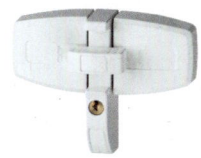

3 Setzen Sie anschließend behutsam den neuen Fenstergriff samt Vierkantstift auf. In der Regel geschieht das, während der Griff sich im verschlossenen Zustand befindet. Verschrauben Sie den Griff mit den Schrauben an der Grundplatte auf dem Fensterflügel.

4 Versuchen Sie einen ersten Probedurchgang: Lässt sich das Fenster problemlos öffnen und schließen? Dann können Sie die Abdeckhaube des Fenstergriffes aufsetzen und andrücken bis es einrastet.

5 Fertig. Wenn Sie nun das Fenster schließen, betätigen Sie neben den neuen Schließkasten auch das herkömmliche Schloss gleich mit.

6 Verschließbare Fenstergriffe haben zusammen mit einem ohnehin stabilen Fenster und Pilzkopfzapfen einem Einbrecher die Arbeit erheblich erschwert. Wie bei einer Wohnungstür sollte aber auch bei einem Fenster die Scharnierseite überprüft werden.

Zusatzschlösser für die Fenster

Fenster und Griff wären schon einmal sicher. Zusatzschlösser und Scharniersicherungen sorgen jetzt für noch mehr Schutz.

Ein einfaches Schloss ist schnell geknackt – das Fenster steht sperrangelweit offen. Zusatzschlösser sorgen für einen weiteren Schutz, besonders an größeren Fenstern und Terrassentüren.

Der Einbau von Zusatzschlössern an Fenstern ist meist unproblematisch und kostengünstig. Da die meisten Einbrecher Fenster und Terrassentür kurzerhand aufhebeln, kann ein zusätzliches Schloss wertvolle Zeit verschaffen und den Einbruch erheblich erschweren.

Das Prinzip ist einfach: Ein Teil des Schlosses wird fest auf den Rahmen geschraubt, während der andere Teil mit dem Flügel verbunden wird. Wird das Fenster geschlossen, krallen beide Hälften ineinander – das Fenster ist auch an diesem Punkt fest verriegelt. Wichtig ist, dass bei einem sehr großen Fenster zusätzliche Sicherungen angebracht werden. Eine einzige kann bei einem massiven Flügel aufgrund der Hebelwirkung eher herausbrechen als mehrere Zusatzschlösser oder – noch besser – ein vertikales Stangenschloss. Übrigens: Setzen Sie ein Zusatzschloss in jedem Falle auf die Unterseite des Fensters. Hier kommen die Ganoven am einfachsten heran – der Schraubendreher wird hier als erstes angesetzt.

→ Wenn Lärm die Einbrecher nicht abschreckt

Fenster werden in der Regel nicht eingeworfen oder eingeschlagen. Zu groß ist der Lärm. Aufhebeln ist und bleibt die meist genutzt Variante. Nichtsdestotrotz wird auch die Verglasung hin und wieder angegriffen, um das Fenster am Griff zu öffnen. Daher sollte man an verschließbare Fenstergriffe denken.

Stabile Angeln für einen guten Rundumschutz

Die Scharnierseite von Fenstern darf beim Schutz gegen Einbruch nicht vernachlässigt werden. Schafft es der Ganove nicht auf der Öffnungsseite, versucht er es nämlich gegenüber. Auch auf der Seite der Fensterangeln sollten die sichereren Pilzkopfzapfen auf dem Fensterbeschlag angebracht sein. Ist dieser Schutz nur einseitig verbaut, wird die Terrassentür oder das Fenster kurzerhand auf der anderen Seite aus den Angeln gehoben. Um dem Ausheben einen Riegel vorzuschieben, sollten die Scharniere mit zusätzlichen Mitteln stabilisiert werden. Neben grundsätzlich sicheren Scharnieren

Verstärkung
Ein Zusatzschloss ist eine weitere Absicherung gegen das Aufhebeln von Fenstern. Ausführungen gibt es verschiedene, wie beispielsweise die Fenster-Zusatzsicherung FTS96 von Abus (ab rund 80 Euro). Auch an Dachfenstern können zusätzliche Sicherungen angebracht werden.

können diese auch noch im Nachgang verstärkt werden. Moderne Fenster-Zusatzsicherungen drehen beim Öffnen des Fensters mit, da sie nicht das Fenster auf der Öffnungsseite sichern, sondern das Aufbrechen der Scharniere erschweren. Möchte man das Fenster nur aufkippen, muss beispielsweise beim FAS101 von Abus ein Sicherungsbolzen entriegelt werden. Dieser schnappt dann aber wieder automatisch zu, sobald das Fenster geschlossen wird.

Scharnierseitensicherungen werden sowohl auf dem Fensterflügel als auch auf dem Rahmen montiert und sicher verankert. Leider kommt es auch immer mal wieder vor, dass Einbrecher ohne Scheu roh zu Werke gehen.

Gitter vor dem Fenster schützen vor grober Gewalt

Trotz Nachbarschaft und Tageslicht werden im Erdgeschoss, Tiefparterre oder im Keller Fenster ganzflächig eingeschlagen.

Doch auch hier verspricht mechanischer Schutz Hilfe. Besonders Kellerfenster sind eine echte Schwachstelle, da sie oftmals nur aus einem dünnen Metallrahmen bestehen und nur einfach verglast sind. Brecheisen, Stein oder ein kräftiger Fußtritt: Schnell ist der brachiale Ganove hier im Haus. Wo es daher möglich ist, sollten Hauseigentümer ein stabiles Gitter an die Wand vor das Fenster setzen oder den Lichtschacht mit einem fest verankerten Gitterrost sichern. Einfache, aber solide Modelle gibt es im Handel

---

ⓘ **Eine zusätzliche Fenstersicherung** zur Verstärkung der Scharnierseite sollte bei keinem Erdgeschossfenster fehlen. Je nach Bauweise können selbst kleine Keller- oder Badezimmerfenster geschützt werden.

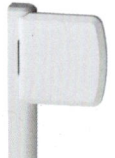

Traditionell
Fenster im Erdgeschoss
oder Souterrain werden
einfach mit massiven
Gittern geschützt.

bereits ab 50 Euro. Ähnlich wie ein Querriegel hat auch ein vergittertes Fenster eine abschreckende Wirkung. Es zeigt: Hier wird vorgesorgt – ein Einbruch wird schwierig. Und wer seine Fenster nicht vergittern möchte, kann sich mit einer nachträglich aufgeklebten Schutzfolie vor Einbruch schützen. Diese sollte dann allerdings eine durchwurfhemmende Wirkung gemäß DIN EN 356 P2A haben.

❝ Alle drei bis vier Minuten wird in Deutschland eingebrochen – und die Tendenz ist weiterhin steigend. Mehr als 160 000 Einbrüche registrierten die Behörden im Jahr 2015. Alarmierend. Aber: Die Statistiken zeigen auch, dass es immer öfter bei einem Einbruchversuch bleibt. Rund 40 Prozent der Kriminellen scheitern.

Mit mechanischer Sicherung können Sie es potenziellen Einbrechern so schwer wie möglich machen. Sichern Sie als aller erstes Wohnungs- und Terrassentür. Hier setzen die meisten Einbrecher als erstes an, um in Ihre privaten Räume einzudringen. Querriegel für den Eingang und Stangenschlösser für die Austritt zum Garten und Hof sind eine gute Grundlage, um die Ganoven abzuschrecken oder ihnen wertvolle Zeit beim Einbruchsversuch abzutrotzen. Als nächstes sollten Sie sich die Fenster vornehmen: Pilzkopfzapfen, Scharnierverstärker oder auch hier das eine oder andere Stangenschloss werten Ihr Zuhause auf und machen es sicherer.

Elektronische Sicherungen

Wer über den mechanischen Schutz hinausgehen möchte, kann mit elektronischen Hilfsmitteln für etwas mehr Sicherheit sorgen. Aber nicht alles ist gleichermaßen sinnvoll.

Bereits kleine Verbesserungen im Haushalt können den Unterschied machen. Den gesamten Urlaub über bleiben die Rollläden heruntergelassen? Verdächtig. Es brennt so gut wie nie ein Lichtlein? Da ist doch bestimmt keiner zu Hause. Solche und andere verräterischen Sicherheitslücken können mit einfachen Hilfsmitteln ausgebessert werden.

Aber nicht nur während längerer Abwesenheit sind elektronische Helfer sinnvoll. Selbst wenn man daheim ist, kann etwa eine Alarmanlage bei Einbrechern für Zurückhaltung sorgen. Hier kommt es aber auf die richtige Installation an, denn nur eine rote Lampe mit einem weißen Kasten an der Fassade schreckt keinen versierten Einbrecher ab. Und wer auch unterwegs wissen will, was zu Hause passiert, kann mit moderner Smart-Home-Technik ständig einen Blick auf und in die eigenen vier Wände werfen.

Als primäre Sicherheitsmaßnahme eignen sich diese Lösungen zwar nicht – aber für eine höhere gefühlte Sicherheit und als kleines Extra kann man durchaus über die eine oder andere Anschaffung nachdenken. Welche elektronischen Maßnahme es sonst noch gibt, lesen Sie hier.

Simulierte Anwesenheit durch kleine Helfer

Licht, Fernseher, Lärm: Wenn das Zuhause lebendig wirkt, machen Einbrecher einen Bogen um das Ziel. Aber was tun, wenn keiner da ist? Elektronisches Zubehör bringt Leben in das Haus.

In der Küche brennt das Licht und im Wohnzimmer flimmert der Fernseher: So oder so ähnlich sehen abends Häuser und Wohnungen von draußen aus. Für einen Kriminellen wäre das Risiko, hier bei einem Einbruch entdeckt zu werden, sehr groß, und er zieht lieber weiter zum nächsten Objekt, das womöglich ganz im Dunklen liegt.

Glück gehabt – sofern denn tatsächlich niemand daheim war. Was in solchen Fällen den Anschein erweckt, die Wohnung sei mit Leben erfüllt, sind einfache elektronische Helfer wie beispielsweise eine herkömmliche Zeitschaltuhr oder ein Fernsehsimulator.

Pünktlich gehen die Lampen an

Ein Klassiker sind Zeitschaltuhren. Die kleinen, kostengünstigen Boxen sorgen für eine minutengenaue Steuerung von elektronischen Geräten. Wer Anwesenheit simulieren will, kommt nicht um ein bis zwei Zeitschaltuhren pro Raum herum. Die Installation ist dabei kinderleicht: Einfach den Stecker zwischen Verbraucher und Wandanschluss setzen und die gewünschte Ein- und Ausschaltzeit programmieren. Je nach Modell sind bis zu zwanzig Szenarien möglich – eine gute Möglichkeit, um verschiedene Zeiten zu programmieren. Das sorgt für Abwechslung. Günstige digitale Zeitschaltuhren gibt's im Handel bereits ab etwa 5 Euro.

Moderne Zeitschaltuhren wie der WeMo Switch von Belkin (ca. 40 Euro) nennen sich „Smart Plugs". Mit diesen Steckern können per Smartphone oder Computer über eine Software oder App Zeiten programmiert werden. Das Ein- und Ausschalten des Stroms von unterwegs ist damit auch kein Problem.

Leben in der Bude
Wer im Urlaub ist, sollte Vorkehrungen treffen. Lassen Sie Ihr Haus oder Ihre Wohnung nie so wirken, als sei länger niemand daheim.

Fernsehflimmern simulieren

Von außen kaum vom echten Fernsehen zu unterscheiden, aber deutlich energiesparender ist das Licht eines sogenannten Fernsehsimulators oder auch „Dummy TV" genannt. Dabei handelt es sich um ein kleines Gerät, das mit mehreren farbigen LEDs und einer zufälligen Leuchtreihenfolge das an die Wand strahlende Licht eines laufenden Fernsehers imitiert. Anbieter wie VisorTech, KH-Security und FakeTV bieten verschiedene Modelle ab etwa 20 Euro an, die Sie etwa im gut sortierten Baumarkt, im Fachhandel und online bestellen können.

Ein wichtiger Hinweis: Richten Sie den Simulator gegen ein weiße Wand und stellen Sie zusätzlich noch eine Lampe mit einem schwachen, aber warmen Gelblicht an. So wirkt die gestellte Fernsehszenerie von außen noch echter. Steuern Sie beides mit einer Zeitschaltuhr oder programmieren Sie im Fernsehsimulator unterschiedliche Zeiten ein.

Lärmt, wenn das Glas splittert: Glasbruchmelder

Gegen das Eindringen durch ein eingeschlagenes Fenster beugen abschließbare Fenstergriffe vor. Wenn es aber doch passiert, reagiert der Sensor des Glasbruchmelders. Je nach Modell können diese nützlichen Accessoires in ein umfangreiches Alarmanlagen- oder Smart-Home-System eingebettet werden.

In akustischen Glasbruchmeldern befindet sich ein eingebautes Mikrofon. Es registriert charakteristische Frequenzen, die bei Glasbruch entstehen: Tiefe Frequenzen bei einem Einschlagen und anschließend hohe Frequenzen, die beim Zersplittern des Glases entstehen. Der akustische Secvest-Funk-Glasbruchmelder FUGB 50000 von Abus (für rund 150 Euro) erkennt dieses spezifische Geräusch zerbrechender Fensterscheiben und meldet den Glasbruch beispielsweise der daran gekoppelten Funkalarmanlage Secvest. Akustische Melder werden in die Nähe des zu überwachenden Fensters montiert.

Der Markt bietet aber auch Einzellösungen. Dabei handelt es sich um Produkte, die ähnlich wie ein Rauchmelder aussehen. Nur reagieren sie auf Erschütterungen oder Luftschall. Sie werden im zu überwachenden Raum direkt auf die Glasscheibe gesetzt. Laute Glasbruchmelder mit um die 150 Dezibel gibt es im Handel ab rund 20 Euro.

Der Klassiker beim Eigenheim: Die Alarmanlage

Für „Einbruchmeldeanlagen" gibt es einen großen Markt. Aber nicht jedes Modell ist geeignet und manch eine Anlage geht sogar über den Einbruchschutz hinaus.

Grundsätzlich gilt: Fenster, Haustüren und Balkontüren – als erstes versuchen es die Kriminellen mit dem Aufhebeln von ungeschützten Stellen. Mieter oder Hausbesitzer, die diese Zugänge mechanisch sichern, wirken einem Einbruch effektiv entgegen. Wer darüber hinaus investieren möchte, kann über elektronische Sicherungen nachdenken.

Alarmanlagen erkennen Eindringlinge mithilfe von Bewegungsmeldern für den Außenbereich oder in Innenräumen sowie – je nach Ausstattung – mit Glasbruchmeldern. Wird der Alarm ausgelöst, schlagen sie akustisch an oder senden einen stillen Alarm aufs Handy des Bewohners. Je nach Modell sowie nach einer sogenannten Aufschaltung können sie auch bei einem Wach- und Sicherheitsunternehmen Meldung machen. Dieses sorgt dann durch eigenes Personal oder durch die Alarmierung der Polizei für weitere Maßnahmen. Je nach Angebot verursacht dies aber weitere laufende Kosten, die über den individuellen Anschaffungspreis hinausgehen.

Wie schon bei Fenstern und Türen werden Alarmanlagen in Sicherheitsstufen eingeteilt. Für das Einfamilienhaus und die Wohnung rät die Polizei zu Einbruchmeldeanlagen mit dem Grad 2. Diese Alarmanlagen sind ideal für den Schutz von Personen und kleineren Behausungen. Die Grade 3 und 4 eignen sich für Objekte, die einer hohen Gefährdung ausgesetzt sind – beispiels-

Automatischer Alarm
Die Funk-Alarmzentrale Secvest kann mit ihren 48 Funkzonen bei Bedarf flexibel erweitert werden und ist mit etwa 550 Euro ein solider Einstieg.

weise Gebäude öffentlicher Einrichtungen, Gewerbeobjekte oder sehr hochpreisige Wohnungen und Privathäuser.

Wichtig sind eine einfache Bedienung und dass die Anlage die sogenannte Zwangsläufigkeit sicherstellt: Sie kann zum einen erst scharf gestellt werden, wenn alle Fenster und Türen geschlossen sind und der gesicherte Bereich verlassen wurde. Zum anderen muss man sie mit einem gewissen Zeitfenster unscharf stellen können, um keine Fehlalarme zu produzieren.

→ Direkte Anbindung an die Polizei

Die unmittelbare Aufschaltung einer Alarmanlage an die Leitstelle der Polizei ist auf Antrag möglich und in den ÜEA-Richtlinien geregelt. Die „Bundeseinheitliche Richtlinie für Überfallmeldeanlagen und Einbruchmeldeanlagen mit Anschluss an die Polizei" sieht jedoch vor, dass grundsätzlich nur Personen eine direkte Anbindung an die Behörde erhalten, die nach be-

stimmten Kategorien besonders gefährdet sind und an deren Sicherheit ein öffentliches Interesse besteht.

Funk oder Kabel?

Eine bereits im Bau eingeplante und verkabelte Alarmanlage kann am besten auf die Immobilie abgestimmt werden.

Wer eine bestehende Immobilie nachrüsten möchte, sollte auf eine Lösung mit Funkverbindung setzen, damit keine Kabel unter den Putz gelegt werden müssen. Das Objekt kann durch verschiedene Sensoren bequem überwacht werden. Auch Erweiterungen sind möglich, wenn die Alarmanlage entsprechende Zonen bereitstellt.

Für eine einfache Alarmanlage sind zunächst keine hohen Einbaukosten zu erwarten. Die Anlage Secvest von Abus beispielsweise ist je nach Angebot für rund 550 Euro im Handel erhältlich. In Starterpaketen sind zudem meistens ein zentrales Steuerungsgerät samt Display, mehrere Bewegungsmelder, Sensoren für Fenster und Türen, ein Alarmlicht, eine Innen- und eine Außensirene sowie eine Fernbedienung enthalten.

Scharfmachen

Wichtig sind eine einfache Bedienung und dass die Anlage
die sogenannte Zwangsläufigkeit sicherstellt: Sie kann zum
einen erst scharf gestellt werden, wenn alle Fenster und
Türen geschlossen sind und
der gesicherte Bereich verlassen wurde. Zum anderen muss
man sie mit einem gewissen
Zeitfenster unscharf stellen
können, um keine Fehlalarme
zu produzieren.

Wichtig: Die Reichweite des Funks. Sie sollte
im Freien rund 100 Meter betragen. Innerhalb der vier Wände kann es passieren, dass
die Reichweite deutlich unter den Angaben
des Herstellers liegt, etwa wenn das Signal
durch Zwischendecken aus Stahlbeton gelangen muss.

Alarmanlagen mit Außen-
komponente

Viele Systeme setzen lediglich auf eine Innensirene. Sie steckt meistens direkt in der
Zentraleinheit – und ist damit schnell zu lo-
kalisieren. Das hat den Nachteil, dass Einbrecher sie kurzerhand zerstören oder mit
einer Decke oder einem Kissen zum Schwei-
gen bringen. Der Lärm im Inneren des Hauses beeindruckt die Ganoven ohnehin eher
wenig. Wichtig ist daher auch eine Außen-
komponente. Diese sollte aber zwingend in
unerreichbarer Höhe installiert werden –
sonst ereilt sie das gleiche Schicksal wie die
Innensirene. Achten Sie dann aber beson-

ders darauf, blinden Alarm zu vermeiden –
beispielsweise durch fehlerhaft ausgelöste
Bewegungssensoren. Zu leicht konnten im
letzten Test der Stiftung Warentest Bewegungsmelder ausgetrickst werden: Um
Fehlalarm zu vermeiden, sollen die Sensoren freilaufende Tiere wie Katzen ignorie-
ren. Gut gemeint – aber schlecht gemacht:
Die Tester selber konnten unter diesen Sensoren vorsichtig drunter wegkriechen und
die Anlage blieb stumm. Andere hingegen
schlugen schon bei kleinsten Bewegungen
in der Flora (sich bewegende Äste) und Fau-
na an und produzierten zahlreiche Fehlalarme. Und wer sich erst einmal mehrfach
umsonst aufgeregt hat... bleibt irgendwann
sitzen und kümmert sich nicht mehr darum.

Mögliche Alternativen sind hier die Sensoren für Fenster und Türen, die den Alarm
dann auslösen, wenn eben diese ungefragt
geöffnet, aufgehebelt oder zerschlagen werden.

→ Achtung bei Fehlalarm!

Wenn die Polizei wegen eines Fehlalarms anrückt, kann es teuer werden. Allerdings: Das Land Nordrhein-Westfalen hat im Jahr 2016 diese Kosten abgeschafft! Nach einem Beschluss der Landesregierung zahlt seither die Allgemeinheit den Polizeieinsatz, wenn eine aufgeschaltete Alarmanlage einen Fehlalarm auslöst. Bis dahin hatte die Polizei regelmäßig 110 Euro in Rechnung gestellt, wenn durch einen technischen Fehler ein blinder Alarm ausgelöst wurde.

Individuelle Beratung notwendig

Eine Einbruchmeldeanlage kann nahezu alle Bereiche eines Eigenheims überwachen. Ob sie per Funk oder kabelgebunden mit der Alarmzentrale kommuniziert, kommt auf die individuellen Wünsche, auf das Objekt und auf das Budget an. Um Kosten zu sparen und gleichzeitig den bestmöglichen Schutz durch eine Einbruchmeldeanlage zu gewährleisten, sollten Sie sich bei Bedarf unbedingt vom Fachmann beraten lassen. Die Polizei und das Unternehmen VdS (Vertrauen durch Sicherheit) sind hier optimale Anlaufstellen. Achten Sie beim Kauf auf eine vom VdS zertifizierte Anlage und auf einen Einbau vom Fachmann.

Alles im Blick mit Überwachungskameras

Videokameras sollen Einbrecher abschrecken. Man sollte aber einige Regeln beachten, um keine Probleme zu bekommen.

Eine Kamera zu installieren ist eine gute Idee, um in eine weitere abschreckende Maßnahme zu investieren. Hier beginnt allerdings eine technische Gratwanderung: Zum einen darf die Kamera nicht in unmittelbarer Erreichbarkeit hängen und zum anderen muss sie trotzdem so niedrig hängen, dass sie potenziellen Einbrechern nicht nur von oben auf die Mütze schaut. Hängt sie in nur etwa zwei Metern Höhe, kann der Kriminelle sie problemlos mit einem Brecheisen oder gar per Hand aus der Wand reißen. Handelt es sich dann auch noch um ein Modell, das die Aufnahmen

Videoüberwachung
Ausreichend hoch und
dennoch gute Bilder: Die
Installation einer Außen-
kamera ist aber an ein
paar gesetzliche Spielre-
geln gebunden.

lokal auf einer Speicherkarte sichert und nicht per Funk oder Leitung an eine Festplatte überträgt, sind auch noch die Videoaufzeichnungen weg. Das Geld hätte man sich sparen können.

Die Rechte der anderen

Jeder Mensch hat in Deutschland das Recht auf informationelle Selbstbestimmung. Das heißt: Er darf selber entscheiden, ob und wie Details aus seinem Leben aufgezeichnet oder offenbart werden – und dazu zählt auch ein Foto oder Video. Dabei spielt es übrigens keine Rolle, ob die Videoaufzeich-

nungen veröffentlicht (z. B. ins Internet geladen) werden oder nicht. Das bloße Anfertigen einer Aufzeichnung ist ein Eingriff in dieses Persönlichkeitsrecht.

Wer eine geeignete Kamera fachgerecht und gesetzeskonform anbringen möchte, muss darauf achten, dass sie sowohl nur das eigene Grundstück als auch das eigene Haus bewacht. Wenn in einer Mietwohnung eine Kamera installiert werden soll, darf sie nur die eigene Wohnung einsehen können.

Nicht erlaubt ist die Videoüberwachung im Treppenhaus des Mehrfamilienhauses, bei einem Einfamilienhaus auf den Zu-

Smarte Kameras wie die Piper (um 300 Euro) überwachen den Innenbereich auch bei Nacht. Registriert der Bewegungssensor eine Bewegung, startet die Kamera die Aufnahme. Auf Wunsch kann über das WLan zeitgleich das Smartphone des Besitzers alarmiert werden.

fahrtswegen oder auf den Einfahrten, die auch ein Nachbar mitbenutzt. Wenn Bereiche außerhalb der eigenen Grenzen von der Videokamera beobachtet werden können, verletzt dies das Persönlichkeitsrecht von Nachbarn oder Passanten. Daher ist es auch empfehlenswert, eine fixierte Kamera (mit Weitwinkeloptik) zu installieren. Ist der Kopf schwenkbar, könnten Nachbarn oder andere Anlieger sich beobachtet fühlen.

→ Fotos nicht veröffentlichen

Andere vor einer Einbrecherbande warnen, indem man aufgezeichnete Fotos und Videos bei Facebook und Co. veröffentlicht? Bloß nicht! Selbst Einbrecher, die in flagranti bei ihrer Tat erwischt werden, haben ein Recht auf den Schutz der Persönlichkeitsrechte. Der Täter kann dann Schadenersatz fordern. Besser ist, man übergibt die Kameraaufzeichnungen der Polizeibehörde und unterlässt private Fahndungsaufrufe.

Gleiches gilt sogar für eine Attrappe: Wer nur den Anschein einer Überwachung erzeugen möchte, sollte auch die falsche Kamera nur auf das eigene Grundstück richten. Ansonsten, so einige Gerichte, erzeuge dies bei Nachbarn und anderen dritten Personen einen Überwachungsdruck – und der beeinflusst das Verhalten. Eine solche Installation wäre daher genauso unzulässig wie eine echte Kamera, die andere Menschen außerhalb des eigenen befriedeten Besitztums beobachtet.

Wer eine Kamera einsetzen möchte und auf Nummer sicher gehen will, sollte daher ein „allsehendes Auge" besser im Inneren installieren. Schließlich können hier zum einen wirklich nur Hausbewohner oder Gäste in ihren eigenen vier Wänden gefilmt werden. Zum anderen kann die Kamera zwischen Bücherregalen besser versteckt werden. Der Vorteil: Das Objektiv kann auf Augenhöhe aufgestellt werden – man sieht im Falle eines Falles das Gesicht des Einbrechers deutlicher als bei einer Außenkamera, die in schwindeligen Höhen wacht. Ein weiterer Vorteil: Viele Kameras können passwortgeschützt online abgerufen werden – und so sieht man auch von unterwegs, ob daheim alles in Ordnung ist. Die Auflösung der übertragenen Fotos sollte allerdings deutlich höher als nur 640 mal 480 Pixel sein. Und bei sehr hoher Lichtempfindlichkeit neigt manche Kamera zu Fehlalarmen. Wer die Funktion nutzt, sollte mit den Empfindlichkeitseinstellungen experimentieren. Gerade draußen können beispielsweise auch Tiere einen Alarm auslösen.

Und: Potenzielle Angreifer können Zugriffe auf schlecht gesicherte IP-Kameras über den unverschlüsselten Internetverkehr abfangen, selber auf die Kamera zugreifen und dann das Einstellungsmenü und die Übertragung einsehen und manipulieren. So lässt sich entspannt beobachten, wann die Bewohner außer Haus sind ...

Im Smart Home alles im Blick

Licht steuern, die Heizung regeln und die Sicherheit überwachen: Moderne Smart-Home-Technik macht all dies möglich.

Die Steuerung geschieht bequem per Smartphone und somit auch von unterwegs. Die Lampen gehen an, sobald die Bewohner nach Hause kommen, Rollläden fahren von allein herunter, wenn am Abend die Dunkelheit einsetzt oder wenn an einem heißen Sommertag die Sonne auf die Fassade scheint. Und im Garten erkennt die Bewässerungsanlage dank Sensoren von alleine, ob die Blumen Wasser brauchen oder der Rasen mal wieder gesprengt werden muss. Im intelligenten Zuhause der Zukunft – dem Smart Home – soll das für mehr Komfort und auch Sicherheit sorgen.

Wer also beispielsweise viel reist und auch von überall auf der Welt sehen möchte, ob daheim alles in Ordnung ist, kann über die Investition in Smart-Home-Geräte nachdenken. Anbieter gibt es zahlreiche – auch deutsche Hersteller sind dabei. RWE beispielsweise bietet mit der „innogy"-Reihe zahlreiche Technik an. Ursprünglich zur besseren Heizkostenkontrolle gedacht, bietet das Set mittlerweile umfangreiche Überwachungs- und Steuerungsoptionen.

Wichtig: Achten Sie beim Kauf auf eine möglichst breite Gerätepalette des Herstellers oder auf eine ausreichende Kompatibilität. Viele Hersteller bieten zwar interessante Smart-Home-Ausrüstung an – ein Zusammenschluss mit der Technik anderer Anbieter ist aber nicht unbedingt möglich. Wenn dann beispielsweise im Set eines Herstellers kein Fenstersensor vorhanden ist, kann es passieren, dass ein Fenstersensor eines Drittanbieters nicht mit der Zentrale dieses Sets kommuniziert. Das ist ärgerlich und vermeidbar, da es auf dem Markt bereits zahlreiche Anbieter gibt, die ein komplettes Rundum-Angebot bereitstellen.

Das Set von innogy bietet eine Auswahl an Geräten, unter anderem zur Überwachung, inklusive der Zentrale. Wer bei Installation oder Betrieb Probleme hat: die Telefonhotline 0800 123 40 60 hilft.

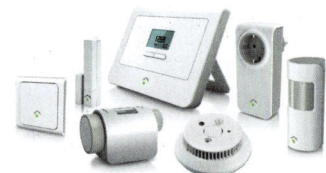

Alles vernetzt

Smart Home integriert Einbruchschutz und Wohnkomfort. Alarmanlage, Überwachungskameras, Heizung, Licht, Haushaltsgeräte werden über einen zentralen Server gesteuert: per PC, Tablet oder auch vom Handy.

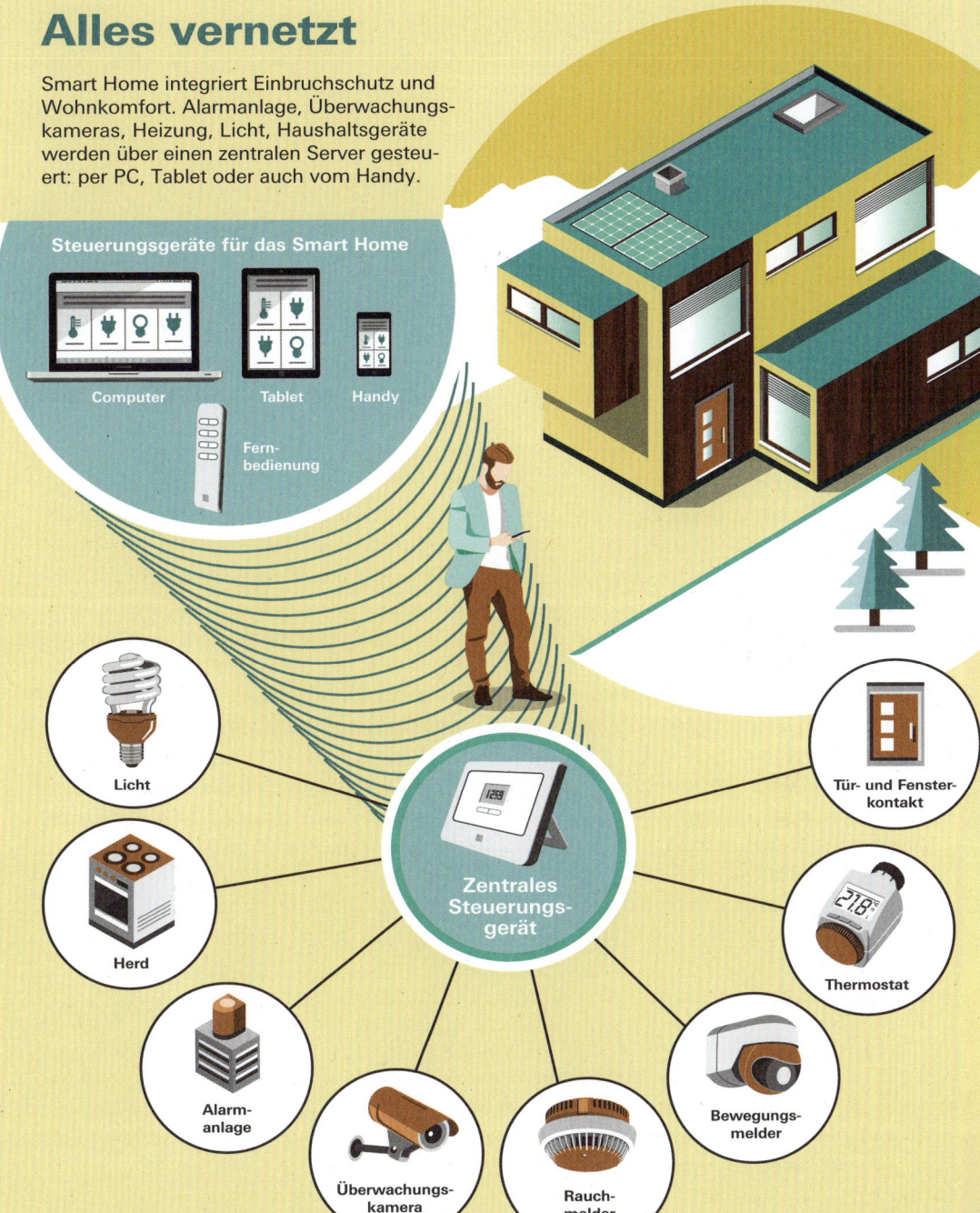

Steuerungsgeräte für das Smart Home

Computer

Tablet

Handy

Fernbedienung

Licht

Herd

Alarmanlage

Überwachungskamera

Rauchmelder

Bewegungsmelder

Thermostat

Tür- und Fensterkontakt

Zentrales Steuerungsgerät

© Finanztest 2017

→ Funkstandards

Achten Sie beim Kauf eines Smart-Home-Sets auf die unterstützten Funkstandards. Ein System sollte über WLan kommunizieren, Bluetooth unterstützen, aber auch über Z-Wave oder EnOcean ansprechbar sein. Z-Wave ist ein drahtloser Kommunikationsstandard, der extra für das Smart Home entwickelt wurde. Ähnlich funktioniert EnOcean – geht aber noch einen Schritt weiter. Der Funkstandard kommt ohne Batterien aus und bezieht seine Quelle unter anderem durch die Bewegungsenergie von Schaltern.

Im Falle von „innogy" setzte der Hersteller auf eine möglichst breite Kompatibilität. „innogy" ist eine offene Plattform – das bedeutet, dass das System mit Geräten verschiedener Hersteller vernetzt werden kann. Mit dabei sind beispielsweise Samsung, Philips, Miele und Buderus. Wer hier in die Smart-Home-Welt einsteigen möchte, kann zwischen verschiedenen Paketen wählen,

beispielsweise das Sicherheits-Set ab etwa 250 Euro. Darin enthalten sind die Zentrale, ein Rauchmelder, Wandsender (der beliebig platziert werden und je nach Konfiguration unterschiedliche Geräte steuern kann) und ein Tür- und Fenstersensor. Wenn Sie nicht zu Hause sind und Einbrecher eine Tür aufhebeln oder sich in einem Raum Rauch entwickelt, schlägt das System Alarm und verschickt SMS, E-Mail oder Push-Nachricht auf Ihr Smartphone. Praktisch: „innogy" kann um zahlreiche weitere Geräte wie etwa einen Wassermelder, eine Kamera sowie weitere Tür- und Fenstersensoren erweitert werden.

So ist es beispielsweise möglich, einen Bewegungsmelder für den Außenbereich zu installieren. Praktisch ist, dass alle Komponente miteinander kommunizieren können. Dies sorgt in Kombination mit beispielsweise einem Zwischenstecker dafür, dass ganz in der Nähe eine Lampe aufleuchtet, sobald der Melder Bewegung registriert. Dieser kann zudem auf bestimmte Bewegungen programmiert und entsprechend gegen Fehlalarme eingestellt werden. Die

Mehrere Anbieter mit großer Auswahl: Natürlich sind RWE bzw. innogy nicht die einzigen Anbieter. Weitere deutsche Spezialisten wie Somfy, Rademacher und auch die Telekom haben umfangreiche Systeme im Angebot. Hier kommt es ganz auf individuelle Wünsche und das entsprechende Budget an.

Möglichkeiten mit einem Smart-Home-Paket bestehend aus möglichst vielen Komponenten sind vielfältig.

→ Gute Passwörter

Natürlich hat die moderne Technik auch Nachteile: So ist es unabdingbar, dass für das WLan als auch für den Zugang zur Administration der Smart-Home-Geräte ein sicheres Passwort verwendet wird. Ein Kennwort, bestehend aus Zahlen- und Buchstabenkombinationen und dem einen oder anderen Sonderzeichen, hält Hacker davon ab, in Ihr WLan einzudringen. Immerhin sind sämtliche Geräte eines Smart Homes ständig mit dem Internet verbunden.

Erst mechanisch, dann elektronisch sichern

Allerdings bringt das intelligenteste Smart Home nichts, wenn es an mechanischen Schutzfunktionen fehlt. Daher gilt auch bei der spannenden, modernen Technik: Erst Fenster und Türen durch mechanische Sicherungen verstärken und dann in elektronische Systeme investieren. Die melden zwar dann flexibel an verschiedene Geräte den Einbrecher – ins Haus oder in die Wohnung ist er dann allerdings bereits eingedrungen.

❝ Simulierte Anwesenheit oder sogar eine komplette Alarmanlage: Elektronische Helfer können die bereits vorhandene Sicherheit Ihres Zuhauses noch weiter verbessern. Eine **Smart-Home-Anlage** sorgt neben mehr Komfort für zusätzliche Kontrollfunktion durch Sensoren oder Kameras. Bei alle der technischen Upgrades gilt aber nach wie vor: Soliden Schutz bieten nur **mechanische Hilfsmittel.**

Hab und Gut richtig versichern

Auf einmal ist alles weg: Damit im Schadenfall Ersatz beschafft werden kann, ist eine finanzielle Absicherung des Hauses sowie aller enthaltenen Gegenstände absolut notwendig. Doch die Auswahl ist groß…

Eine Sorge weniger: Versicherungen helfen dabei, die schlimmsten Folgen bestimmter Risiken abzufedern und das Leben zu genießen. Und dennoch ist es ratsam regelmäßig zu überprüfen, ob der Versicherungsschutz wirklich ausreichend ist. Viel zu viele Menschen verlassen sich beispielsweise blind auf ihre Hausratversicherung und sind sich absolut sicher, dass sie nach einem Einbruch alles ersetzt bekommen. Oft ist das der Fall, doch schon so mancher Versicherte musste sich plötzlich der Tatsache stellen, dass er im konkreten Fall unversichert war oder leichtsinnig bestimmte Ausschlüsse unterzeichnet hatte.

Eine andere Gefahr ist, dass manche Hausbesitzer aufgrund der hohen Kosten bestimmte Leistungen einer Wohngebäudeversicherung abwählen. Zudem wähnen sich Versicherte oft in falscher Sicherheit: Zwar mag es in Köln oder Berlin keine Lawinen geben, aber andere Elementargefahren wie Starkregen und Hochwasser können durchaus jeden in Deutschland treffen.

Die individuell passende Versicherung ist wichtig – egal, ob als Mieter oder Eigentümer.

✗ Vorsicht vor „Bündelrabatten": Nichts erscheint praktischer, als wenn alle benötigten Versicherungen in einem großen Paket bei einem Anbieter gebündelt sind. Doch was geschieht, wenn Sie eine der Versicherungen wegen schlechter Konditionen oder Leistungen wechseln wollen? Dann zerbricht das Paket – und die Rabatte lösen sich in Luft auf. Suchen Sie besser für jede Versicherung jeweils den günstigsten Anbieter aus.

Die wichtigste Versicherung für alle als Schutz gegen Einbruchverluste ist die Hausratversicherung. Wer ein eigenes Haus oder eine eigene Wohnung besitzt, benötigt auch eine Wohngebäudeversicherung (ab Seite 100). Wir zeigen, welche Tücken es zu finden gilt und auf welche Leistungen Sie auf keinen Fall verzichten sollten.

Bestens geschützt – mit der Hausratversicherung

Eine Hausratversicherung schützt im Grunde alle beweglichen Güter, die zum Haushalt gehören.

→ Einfach mal neu kaufen – diesen Luxus können sich die wenigsten leisten, wenn Einbrecher die Wohnung leerräumen oder ein Hochwasser alle Gegenstände unbrauchbar macht. Eine Hausratversicherung ist also im Prinzip unverzichtbar. Ein Lebensmotto wie „Mir wird schon nichts passieren" oder „Es ist noch immer alles gut gegangen" ist gefährlich: Über zwei Millionen Schadenfälle werden laut Gesamtverband der Deutschen Versicherungswirtschaft (GDV) aufgrund von Schäden durch Feuer, Wasser oder Naturkatastrophen jährlich gemeldet. Zudem geschieht in Deutschland durchschnittlich alle drei Minuten ein Einbruch; laut dem GDV fallen im Schnitt 3250 Euro pro Einbruch an. Wer da sein Eigentum nicht schützt, handelt fahrlässig.

→ Wann eine Hausratversicherung nicht notwendig ist

Wer nicht viel Hausrat hat, benötigt in der Regel auch keine entsprechende Versicherung. Junge Menschen, die gerade aus dem Elternhaus ausgezogen sind und in einer WG oder einem Studentenwohnheim leben, brauchen meist keine Hausratversicherung. Ist zudem der Lebensmittelpunkt vor allem noch im Elternhaus, dann ist es oft auch kein Problem, dass man über die Hausratversicherung der Eltern mitversichert ist. Diese sogenannte Außenversicherung kann man bei seiner Versicherung erfragen.

Was ist alles versichert?

Geschützt ist in einer Hausratversicherung im Prinzip alles, was an Haushaltsgegenständen „beweglich" ist und bei jedem Umzug mitgenommen werden kann. Im Wesentlichen sind dies:

▸ **Sämtliche Einrichtungsgegenstände –** also Möbel, Bilder, Teppiche, Gardinen und mehr.
▸ **Elektrogeräte –** also Fernseher, Stereoanlage, Computer, Fotoapparate, Küchengeräte und Smartphones.
▸ **Bekleidung –** also Sommer- und Winterkleidung, Sportbekleidung, Schuhe und dergleichen.
▸ **Wertgegenstände** wie Schmuck, Armbanduhren, Bargeld, Kunstwerke und Antiquitäten.
▸ **Freizeitutensilien und Ersatzteile –** also Bücher, Sportgeräte, Fahrräder, Rollator oder auch Autozubehör, das im Haus gelagert wurde.
▸ **Nahrungsmittel**.
▸ **Haustiere –** also Fische, Katzen und Vögel. Letztere werden aber nur zu dem Preis ersetzt, den sie bei der Neuanschaffung kosten würden. Auch wenn es schmerzlich ist: Einen ideellen Wert berücksichtigt die Versicherung nicht.

Sonderfall Wertsachen

In einer Hausratversicherung eingeschlossen sind auch Wertgegenstände. Zunächst einmal spielt es bei Hausrat aller Art keine Rolle, wie groß der ideelle Wert ist. Gerechnet wird mit dem Neuwert. Wertsachen können zum Beispiel Bargeld, Sparbücher, Urkunden oder Schmuck aus Gold und Silber sein. Auch Wertpapiere, worunter auch Briefmarken fallen, gehören dazu. Wertsachen sind auch Gegenstände (Antiquitäten), die mindestens 100 Jahre alt sind, aber keine Möbel sind. Elektrogeräte hingegen – mögen sie noch so hochwertig und teuer sein – sind nach Diktion der Versicherer im Begriff Wertgegenstände nicht enthalten.

In der Regel werden Wertsachen mit 20 Prozent der vereinbarten Versicherungssumme abgedeckt (mehr zum Thema Versicherungssumme weiter unten). Je nach Art

ⓘ **Was Einbrecher am liebsten klauen,** das sind laut GDV Schmuck, Uhren, Geld und elektronische Kleingeräte wie Smartphones, Handys und Kameras. Große, hochwertige Fernseher und Hi-Fi-Anlagen sind auch beliebt, werden aber aufgrund des sperrigen Transports nicht ganz so oft entwendet wie das kleinere Diebesgut.

und Menge der Wertsachen könnte diese Absicherung aber zu niedrig sein. Wenn Sie beispielsweise viele hochwertige Gemälde besitzen, sollten Sie auf jeden Fall deren Wert berücksichtigen. Sie können dann bei der Versicherung die Entschädigungsgrenze erhöhen oder aber einen teureren Tarif mit höheren Grenzen auswählen. Letzteres rechnet sich oft besser.

Zu der prozentualen Grenze gesellt sich noch eine weitere Einschränkung: die sogenannte „besondere Entschädigungsgrenze". Denn für einzelne Wertsachen gelten im Versicherungsfall zusätzliche Höchstgrenzen. Diese sind meist:

▸ **1000 Euro** für Bargeld,
▸ **2500 Euro** für Wertpapiere und Sparbücher,
▸ **20 000 Euro** für Schmuck, Edelsteine, Perlen, Briefmarken, Münzen und alle Gegenstände aus Gold oder Platin.

Wem diese Grenzen zu gering sind, der kann diese ebenfalls gegen einen Beitragszuschlag nach oben setzen. Übrigens: Haben Sie einen Tresor, und lagern Sie darin Ihre Wertgegenstände, dann gelten diese

„besonderen Entschädigungsgrenzen" nicht. Sofern keine Unterversicherung besteht, sind die eingeschlossenen Gegenstände (im Rahmen der 20 Prozent der Versicherungssumme) voll und ganz versichert.

→ Der richtige Tresor

Aus Sicht einer Versicherung muss ein Tresor bestimmte Bedingungen erfüllen. Geldkassetten oder ähnliche Kisten sind dafür nicht ausreichend. Ein freistehender Tresor muss mindestens 200 Kilogramm wiegen, damit er von einer Hausratversicherung akzeptiert wird. Kleinere Safes können Sie aber dennoch ordnungsgemäß nutzen: Diese müssen dann fachmännisch verankert oder bündig eingemauert sein.

Unterversicherung vermeiden

Die Beitragshöhe für eine Haftpflichtversicherung orientiert sich an der Versicherungssumme. Das ist die Summe aus dem Neuwert aller im Haushalt enthaltenen Gegenstände. Unter dem Neuwert versteht man den Wert, den man aufbringen muss, um den Gegenstand mit gleichen Eigenschaften und Qualitätsmerkmalen in neuwertigem Zustand wiederzubeschaffen. Haben Sie beispielsweise einen alten Massivschrank geerbt, dann vergleicht ihn die Versicherung mit einem ebenso hochwertigen Schrank aus Massivholz. Dieser ist selten in Discount-Möbelhäusern zu finden und deswegen kein Schnäppchen. Aber diesen Wert müssen Sie kalkulieren, wenn Sie die Gesamtsumme für den Hausrat ermitteln.

Denn in der Praxis schaut es oft so aus, dass die Versicherungssumme zu niedrig ausfällt. Gerade dann, wenn sich viele nicht genutzte Gegenstände im Haus ansammeln, werden die bei der eigenen Wertermittlung oft ignoriert. Zudem muss ja auch nicht jeder Hausrat versichert werden – so der falsche Gedanke. Doch sollte bei einem Versicherungsfall einmal ein Prüfer die Wohnung besuchen, dann schätzt er nicht nur den Schaden, sondern auch den Gesamtwert ab. Was Sie als Ramsch in der Abstellkammer oder als preiswertes Flohmarktschnäppchen abtun, das bezieht der Prüfer bei seiner Neuwertberechnung mit

ein. Weicht am Ende der von ihm ermittelte Gesamtwert von den versicherten Summen zu stark ab, spricht man von Unterversicherung. Die unangenehmen Folgen: Haben Sie eine Versicherungssumme von 100 000 Euro angegeben, aber der Prüfer ermittelt einen Wert von insgesamt 150 000 Euro, dann erstattet die Versicherung den Schaden nur in diesen Verhältnis 100 000 Euro zu 150 000 Euro – oder vereinfacht 2 zu 3. Sie erhalten dann nicht 100 Prozent des Schadens ersetzt, sondern nur 66,66 Prozent. Je nach Höhe des Schadens kann das erhebliche Lücken schlagen.

Es ist also besonders wichtig, dass man bei Antrag der Versicherung die korrekte Summe nennt. Ermitteln Sie diese also großzügig, ohne aber den Wert in die Höhe zu treiben – sonst werden die Beiträge zu teuer. Auch sollten Sie bei bestehenden Versicherungen immer wieder prüfen, ob die Versicherungssumme noch aktuell ist. Eine teure Sportausrüstung und eine neuer, groß dimensionierter Ultra-HD-Fernseher können die Gesamtsumme beeinflussen. Korrigieren Sie dann den Wert bei der Versicherungsgesellschaft.

---

i **Praktisch für die Wertermittlung:** Die Stiftung Warentest bietet eine Liste an, die bei der Ermittlung aller Hausratsgegenstände hilft. Diese PDF-Liste ist im Hilfeteil (ab Seite 142) abgedruckt und kann kostenlos unter www.test.de/hausratliste abgerufen werden.

Schmiere stehen
Während einer der
Einbrecher die Räume
nach Wertgegenstän-
den durchsucht, hält
sein Komplize Wache.

Damit Unterversicherung nicht aus Versehen den Versicherungsschutz mindert, kann bei Vertragsabschluss auch ein sogenannter Unterversicherungsverzicht vereinbart werden. In diesem Fall wird die Gesellschaft davon Abstand nehmen, auf Unterversicherung zu prüfen bzw. diese gegen Sie zu verwenden. Stattdessen gilt die Größe der Wohnung: Anstatt eine Summe mühevoll aufzuaddieren, wird einfach eine fester Betrag (oft 650 Euro pro Quadratmeter) mal Größe der Wohnfläche errechnet. Der dadurch ermittelte Wert dient dann als pauschalierte Versicherungssumme.

Sollten Sie das Gefühl haben, dass der Wert des Wohnungsmobiliars doch weit kleiner ist, dann lohnt es sich aber schon, eine Wertliste zu erstellen und den Unterversicherungsverzicht aufzuheben.

Die perfekte Hausratversicherung
Bei der Suche nach einer Hausratversicherung, deren Konditionen sehr gut zu Ihnen passen, kommen Sie nicht an einer Beurteilung Ihres Wohnorts vorbei. Je nach Einbruchsstatistik teilt die Versicherung das Land in vier bis sechs Risikostufen ein. Je höher diese ist, desto teurer wird die Versicherung: In München sowie in verschiedenen Gegenden Thüringens oder des Saarlands ist das Einbruchsrisiko relativ gering; in Köln, Hamburg, Berlin und Frankfurt am Main hingegen ist es sehr hoch.

→ Suche nach der passenden Hausratversicherung

Die Stiftung Warentest bietet unter www.test.de/hausrat für 2,50 Euro einen Vergleich von Hausratversicherungen. Eine individuelle Analyse sowie Suche von Versicherungen, die sich genau nach Ihren Wünschen und Anforderungen richten, können Sie unter www.test.de/analyse-hausrat für 7,50 Euro in Auftrag geben.

Das bietet die Hausratversicherung

Grundlage ist der Standardschutz, den Sie mit einigen wichtigen Zusätzen ergänzen.

Der Standardschutz

Jede Hausratversicherung schützt das Eigentum gegen Brand, Blitzschlag, Explosion und Implosion (z. B. bei einem Gasherd), Einbruchdiebstahl, Vandalismus, Raub, Hagel und Sturm (ab Windstärke 8).

☐ Beschädigter Hausrat kann – je nach individueller Entscheidung der Versicherung – entweder ersetzt oder repariert werden.

☐ Nach einem Einbruch ist die Reparatur von Terrassentüren und Fenstern ebenfalls im Versicherungsschutz inbegriffen.

Empfohlene Zusätze

Ein Überspannungsschutz in Höhe von mindestens zehn Prozent der Versicherungssumme. Während der übliche Blitzschutz nur dann wirkt, wenn ein Blitz direkt ins Haus eingeschlagen ist, deckt ein Überspannungsschutz auch Geräte ab, die aufgrund eines Blitzeinschlags beispielsweise in einen benachbarten Strommast defekt wurden.

☐ Eine Außenversicherung schützt in der Regel auch Gegenstände im Urlaub, in Ferienhäusern und in den WG-Zimmern der Kinder – weltweit.

☐ Ein „Verzicht der Einrede der groben Fahrlässigkeit" verhindert, dass die Versicherung die Schuld für einen Unglücksfall bei Ihnen sucht.

Zusätze nach Bedarf

Wer sein Fahrrad oft draußen ankettet, der sollte einen entsprechenden Versicherungszusatz dazunehmen. Idealerweise ist das Fahrrad nicht nur zwischen 6 und 22 Uhr, sondern auch nachts geschützt. Wenn Sie teure Fahrräder besitzen, achten Sie darauf, dass der Versicherungswert (oft 5 Prozent der Versicherungssumme) ausreicht.

☐ Überschwemmungen durch Hochwasser oder Starkregen, Erdbeben, Vulkanausbruch und Schneedruck sind im Standardschutz nicht integriert. Ein Elementarschutz-Zusatz ändert dies.

Auf spezielle Versicherungen für Fahrräder oder Elektrogeräte können Sie in der Regel verzichten. Der Schutz ist oft genauso wie bei einer guten Hausratversicherung, aber in der Regel teurer.

Problemfall „Grobe Fahrlässigkeit"

Oft reicht schon ein gekipptes Fenster oder eine Haus- oder Wohnungstür, die nicht abgeschlossen, sondern nur zugezogen wurde, um den Versicherungsschutz zu mindern. Hierbei spricht man dann oft von „grober Fahrlässigkeit". Ebenso dann, wenn man vergisst, eine Adventskerze auszupusten oder den Herd auszuschalten, wenn man die Wohnung verlässt.

Entsteht auf diese Weise ein Schaden, zahlen die meisten Hausratversicherungen – doch nicht immer die volle Summe. Stattdessen arbeiten die Versicherer mit einer Quotenregelung, abhängig davon, wie stark die grobe Fahrlässigkeit ist: Das Nicht-Ausschalten eines Herdes kann eine Kürzung von 30 Prozent verursachen; das Rauchen im Bett sogar ganze 100 Prozent. Diese Abzüge wurden in der Vergangenheit bereits per Gericht bestätigt. Andere Fälle grober Fahrlässigkeit wurden aber gerichtlich zugunsten der Versicherten entschieden. Nicht grob fahrlässig handelt,

❶ wer nur einmal statt zweimal die Wohnungs- oder Haustür abschließt (Oberlandesgericht Koblenz, Az. 10 U 928/02; sowie OLG Frankfurt, A Az. 7 U 189/99).

❷ wer während des Wäschewaschens für zwei bis drei Stunden das Haus verlässt (OLG Koblenz, Az. 10 U 1124/99). Wohl aber derjenige, der stattdessen mehrere Tage abwesend ist (OLG Frankfurt, Az. 2/26 O 285/97).

❸ wer nach dem Waschen nicht den Wasserhahn zu der Waschmaschine zudreht, was zu verlangen die Justiz als „völlig lebensfremd" beurteilte (Amtsgericht Köln, Az. 144 C 41/06).

Die Masche der Versicherungen ist, eine Schadenersatzzahlung aufgrund der Annahme einer groben Fahrlässigkeit zu mindern. Doch es gibt auch Versicherungen, die dies nicht tun: Ein sogenannter „Verzicht auf die Einrede der groben Fahrlässigkeit" muss aber zuvor vertraglich geregelt sein. Wir empfehlen, dass Sie diese Zusatzleistung annehmen. Selbst bei grober Fahrlässigkeit sollte die Versicherung voll zahlen.

In manchen Policen ist geregelt, dass Schäden, die auf grober Fahrlässigkeit beruhen, eine Bemessungsgrenze haben. Diese kann je nach Versicherung bei 5000 bis 10 000 Euro liegen. Suchen Sie lieber nach einem Anbieter ohne solche Einschränkungen.

Brandschaden
Eine gute Hausratver-
sicherung ersetzt die
zerstörte Einrichtung.

Laufzeit, Wechsel, Kündigung

Eine Hausratversicherung sollte mit einer einjährigen Laufzeit abgeschlossen werden. Längere Laufzeiten sind nicht zu empfehlen, da man flexibel bleiben sollte und sich der Versicherungsbedarf unter Umständen ändert.

Interessant ist, dass ältere Hausratversicherungen im Prinzip all das beinhalten, was auch neue bieten. Ein Umstieg von einer alten Police zu einer neuen ist also gerade dann nicht empfehlenswert, wenn die alte besonders umfangreich und vor allem günstig ist. Die Neuerungen, die aktuelle Policen (nach den Bedingungen VHB 2010) bieten, sind übersichtlich, aber je nach Bedarf natürlich praktisch: Hierzu gehören Überspannungsschutz, der Schutz vor Schäden durch Aquariumswasser sowie höhere Maximalsummen für Bargeld und Wertpapiere (wie etwa Sparbücher und Urkunden).

Ein Umzug bewirkt übrigens kein Sonderkündigungsrecht. Hier müssen Sie wie üblich die Kündigungsfristen wahren. Was nicht zu vernachlässigen ist: Die Hausratversicherung schützt Ihre Sachen auch während eines Umzugs. Zwei Monate nach Umzug erlischt dann der Schutz der alten Wohnung.

Hausrat richtig dokumentieren

Nicht nur für die Ermittlung der Versicherungssumme, sondern auch im Falle eines Einbruchs oder einer Überschwemmung ist eine ausführliche Liste mit allen wesentlichen Gegenständen des Haushalts praktisch. Erfasst nach den einzelnen Räumen ist so eine Liste immer sehr hilfreich, wenn es notwendig sein sollte.

Am wichtigsten sind Kaufbelege – vor allem ordentliche Rechnungen mit der Angabe der Adressaten. Simple Kassenbons funktionieren in der Regel zwar auch, wurden aber in manchen Fällen von der Versicherung bereits zurückgewiesen. Das Argument: Es könnte sein, dass jemand ein Produkt vor einem Einbruch privat verkauft hat und nun die Versicherungssumme erschleichen will. Da aber nach einem Schaden die Zusammenstellung sämtlicher Beweise überaus schwierig ist, gewährt die Rechtsprechung den Geschädigten Beweiserleichterung. Außerdem können Sie auch Zeugenaussagen als Beweise geltend machen.

Fotos sind natürlich ideal – insbesondere dann, wenn Sie Ihre Wertsachen regelmäßig ablichten. Trägt man eine wertvolle Uhr sowohl auf einem Foto von vor sechs Jahren als auch auf einem Foto vom letzten Jahr, dann ist das oft Beweis genug.

Schließlich entscheiden Versicherungen (und Gerichte) auch nach logischem Menschenverstand: Der Diebstahl von mehreren hochwertigen Armbanduhren ist bei einem geschädigten Millionär eher zuzutrauen als bei einem Handwerker in Ausbildung. Das Gesamtbild ist also ebenso ausschlaggebend wie konkrete Beweise.

Versicherungsschutz fürs Haus

Nicht nur das Mobiliar im Haushalt, sondern auch das Gebäude muss geschützt werden. Wappnen Sie sich ausreichend gegen Feuer, Sturm und Überschwemmung.

Ein Schutz wie bei einer gesetzlichen Sozialversicherung oder Haftpflichtversicherung, das wäre auch für Häuser wünschenswert. Leider müssen sich Eigentümer um die Absicherung ihres Hauses selber kümmern – und vor allem ein gutes Leistungspaket schnüren.

Das ist einfacher gesagt als getan: Wohngebäudeversicherungen sind zwar unverzichtbar, aber doch relativ teuer. Je nachdem, wo man wohnt, sind die Preise unterschiedlich; zudem steigen die Preise von Jahr zu Jahr. Schuld an dieser Preissteige-rung ist vor allem das Alter des zu versichernden Hauses. Für manche Versicherungen sind Neubauten bereits nach zwei Jahren Altbauten. Und so staffeln sich die Versicherungsgebühren nach dem Alter der Immobilie.

Leider ist das nicht alles: Auch Kündigungen werden in diesen Tagen von den Versicherern bei passender Gelegenheit gerne ausgesprochen. Die Versicherer machen Druck, erhöhen die Preise und kündigen manchmal auch schon nach einem einzigen Schadenfall.

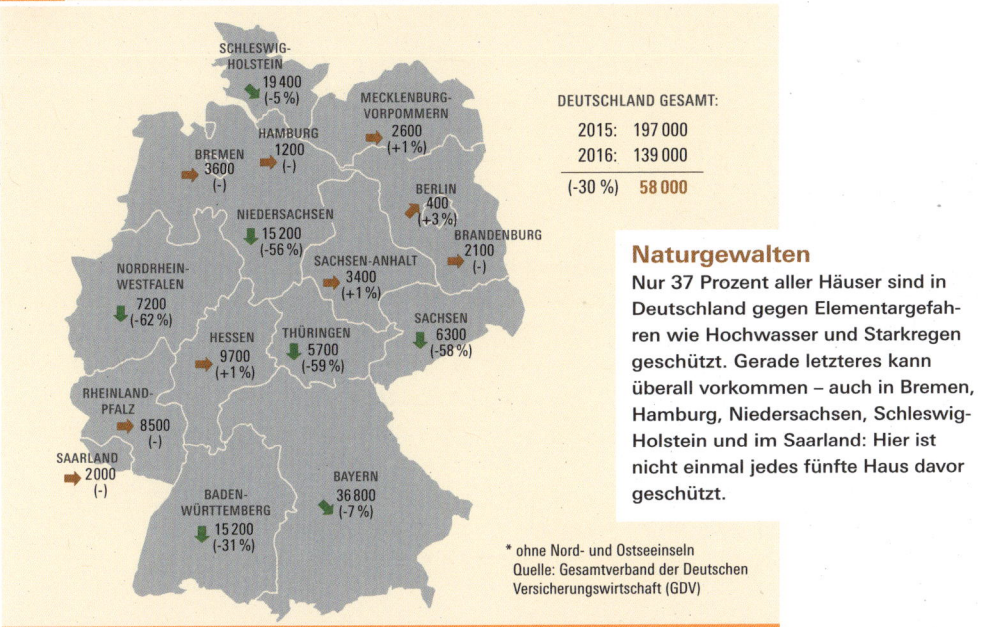

Gebäude in der höchsten Risikozone* (Veränderung gegenüber 2015)

SCHLESWIG-HOLSTEIN
19 400 (-5 %)

MECKLENBURG-VORPOMMERN
2600 (+1 %)

HAMBURG
1200 (-)

BREMEN
3600 (-)

BERLIN
400 (+3 %)

NIEDERSACHSEN
15 200 (-56 %)

BRANDENBURG
2100 (-)

NORDRHEIN-WESTFALEN
7200 (-62 %)

SACHSEN-ANHALT
3400 (+1 %)

HESSEN
9700 (+1 %)

THÜRINGEN
5700 (-59 %)

SACHSEN
6300 (-58 %)

RHEINLAND-PFALZ
8500 (-)

SAARLAND
2000 (-)

BADEN-WÜRTTEMBERG
15 200 (-31 %)

BAYERN
36 800 (-7 %)

DEUTSCHLAND GESAMT:
2015:   197 000
2016:   139 000
(-30 %)   58 000

Naturgewalten

Nur 37 Prozent aller Häuser sind in Deutschland gegen Elementargefahren wie Hochwasser und Starkregen geschützt. Gerade letzteres kann überall vorkommen – auch in Bremen, Hamburg, Niedersachsen, Schleswig-Holstein und im Saarland: Hier ist nicht einmal jedes fünfte Haus davor geschützt.

* ohne Nord- und Ostseeinseln
Quelle: Gesamtverband der Deutschen Versicherungswirtschaft (GDV)

Eine der Begründungen ist, dass die Versicherungen mittlerweile jährlich über 2,3 Milliarden Euro pro Jahr für Leitungslecks ausgeben müssen. Die Fälle summieren sich – da achten die Versicherungen genauer darauf, ob die Einnahmenseite noch stimmt. Systematisch werden unter den Kunden jene mit Altbauten herausgesucht, um Preiserhöhungen durchzuziehen. Denn bei den alten Gebäuden steigt das Risiko immer mehr, dass Wasserlecks und damit verbundene Schäden durch marode Rohre und Leitungen entstehen.

So hart es auch klingt: Erhöhte Preise oder Selbstbeteiligungen sollten Sie zunächst einmal akzeptieren. Denn wer einmal gekündigt wurde, findet nur schwer einen neuen Anbieter. Nach der Erhöhung können Sie dann immer noch in Ruhe nach besseren Tarifen Ausschau halten.

Gegen alles geschützt

Eine umfangreiche Wohngebäudeversicherung umfasst in der Regel vier Gruppen von Gefahren: Feuer, Leitungswasser, Sturm und Hagel sowie mittlerweile oft auch weitere Elementargefahren wie Starkregen, Überschwemmung, Erdrutsch, Lawinen und Schneedruck.

Für einen Eigentümer löst die Vorstellung von einem Abbrennen seines Hauses die wohl größte Angst aus. Deswegen ist eine Feuerversicherung immer Bestandteil einer Gebäudeversicherung und sollte nicht aus Kostengründen aus der Police gestrichen werden.

Der Schutz gegen Schäden durch Leitungswasser hängt in erster Linie von der Art des Hauses ab. In der Regel sollten Sie diese aber auch einschließen. Aufgrund der vielen Leitungswasserschäden der letzten

Welche Schäden sind versichert?

Vier Bausteine machen die Wohngebäudeversicherung aus: Versichert sind Schäden durch Leitungswasser, Brand/Blitz, Sturm/Hagel und Elementarereignisse – nahezu alles, was einem Haus passieren kann. Was nicht versichert ist, zeigt der Kasten rechts unten.

Wohngebäude-versicherung

Vier Bausteine versichern gegen:

- Feuer
- Leitungswasserschäden
- Sturm/Hagel
- Elementarschäden

Feuerversicherung

Leitungswasser

Sturmversicherung

Elementarschäden

Brand

Versichert ist Schaden durch Feuer, das sich aus eigener Kraft ausbreiten kann. **Beispiel:** Zimmerbrand infolge eines Kurzschlusses.

Blitzschlag

Direkter Einschlag in das Gebäude. Versichert sind auch Folgeschäden. **Beispiel:** Antenne wird durch Blitzeinschlag zerstört. Ein vom Blitz getroffener Baum beschädigt das Dach.

Überspannung durch Blitz

Versichert sind Schäden an elektrischen Einrichtungen.

Explosion

Plötzliches Freiwerden von Energie verursacht durch Gase. **Beispiel:** Gasexplosion in der Nachbarschaft.

Rohrbruch

Versichert sind Heizungs- und Wasserrohre, ebenso Wasserzuleitungsrohre auf dem Grundstück, die das Haus versorgen. **Beispiel:** Bruch der Zuleitung im Garten.

Frost

Versichert sind Heizungsanlagen und sanitäre Einrichtungen. **Beispiel:** Frostschaden infolge eines plötzlichen, nicht vorhersehbaren Temperatursturzes.

Nässeschäden

Wasser, das aus dem Rohrsystem sowie aus Aquarien oder Wasserbetten ausgetreten ist.

Sturm

Wind ab Stärke 8. Versichert sind auch Folgeschäden. **Beispiel:** Sturm deckt das Dach ab. Ein auf das Haus geworfener Baum drückt eine Mauer ein.

Hagel

Eiskörner. Versichert sind auch Folgeschäden. **Beispiel:** Hagelschaden an der Verglasung.

Überschwemmung

Überschwemmung des Grundstücks durch Regen oder das Ausufern von Gewässern oder den Austritt von Grundwasser durch diese Ursachen.

Rückstau

Eindringen von Wasser aus den Ableitungsrohren des Gebäudes in das Haus, verursacht durch Regen oder das Ausufern von Gewässern.

Erdbeben

Naturbedingte Erschütterung des Erdbodens durch Vorgänge im Erdinnern.

Erdsenkung

Naturbedingte Absenkung des Erdbodens über natürlichen Hohlräumen.

Erdrutsch

Naturbedingtes Abrutschen von Erd- oder Gesteinsmassen.

Schneedruck

Wirkung des Gewichts von Schnee und Eismassen.

Lawinen

An Berghängen niedergehende Schnee- und Eismassen.

 © Finanztest 2017

Nicht versichert (Beispiele)

- 🔴 **Sengschäden:** Zigarettenglut brennt ein Loch ins Parkett.

- 🔵 **Rohre:** Wasser, das nicht aus Leitungen dringt, zum Beispiel die Blumenvase auf dem Klavier oder ein umgekippter Putzeimer.

- 🔵 **Frost:** Schäden durch Einfrieren, wenn trotz Frost nicht geheizt oder das Wasser nicht abgelassen wurde.

- 🟠 **Sturm:** Schnee, Hagel dringen durch ein offenes Fenster ein.

- ⚫ **Erdsenkung:** Schäden durch künstliche Hohlräume, zum Beispiel durch Bergbau.

- ⚫ **Lawinen:** Schnee- und Eismassen, die nicht vom Berg niedergehen, sondern zum Beispiel von Bäumen aufs Haus fallen.

Quelle: Musterbedingungen VGB 2010 des Gesamtverbandes der Deutschen Versicherungswirtschaft (GDV)

Jahre ist dieser Vertragsbaustein nicht billig. Unter Umständen erhalten Sie diese Leistung nur, wenn Sie sich im Schadensfall mit einem hohen Selbstbehalt beteiligen.

Auch die Natur muss berücksichtigt werden. Klassisch ist hier der Schutz gegen Stürme und Hagel: Schäden, die ab einer Windstärke von 8 (das sind ca. 62 km/h) auftreten, werden durch diesen Versicherungsbaustein gedeckt. Und seit 2010 sind in den Musterbedingungen der Gebäudeversicherungen auch – als vierter Baustein – Schäden durch weitere Elementargefahren wie Starkregen und Überschwemmung enthalten.

Die Elementargefahren konnten vor 2010 vor allem nur durch eine separate Versicherung abgedeckt werden. Und noch heute sind Elementarschäden nicht immer automatisch Bestandteil einer Wohngebäudeversicherung, sondern müssen ausdrücklich mitversichert werden. Nicht notwendig? Während klassisches Hochwasser meist nur in Flussnähe vorkommt, kann ein Starkregen mit Überschwemmungen im ganzen Land auftreten. Deswegen ist eine Elementarschadenversicherung durchaus jedem Hausbesitzer zu empfehlen.

Nicht einfach: Die Suche nach der passenden Versicherung

Mal eben online ein Vergleichsportal bemühen – und schon hat man eine Liste der passenden Versicherungen: Was woanders oft sehr einfach geht, ist bei Wohngebäudeversicherungen nicht machbar. Denn die Versicherer prüfen jedes Haus einzeln, bei dem Antrag sind dicke Fragebögen mit etlichen Detailfragen auszufüllen. Auch ist für den Laien nicht ersichtlich, wie die Versicherungen genau vorgehen, um Anträge zu prüfen.

Problematisch bei einem Antrag ist unter Umständen, wo genau man wohnt. Für fast jeden Schadensbereich ordnen die Versicherungen die Gebäude in Risikozonen ein: Nach der jeweiligen Wasserhärte werden beispielsweise bis zu vier Gefahrenzonen für Leitungswasserschäden definiert. Und ebenso wird Deutschland in vier Gruppen für Schäden durch Elementargefahren eingestuft – je nachdem, ob das Hochwasser- oder Erdbebenrisiko in jener Region besonders hoch ist. Die vier Risikozonen für Elementargefahren werden Zürs 1 bis 4 genannt, wobei 1 am besten ist. Je nachdem, wo Ihr Haus in diesen versicherungsinternen Schubladen eingeordnet wird, könnte es sein, dass der Versicherer den Antrag aus Sorge um ein zu großes Schadenaufkommen ablehnt.

Wird einmal ein Antrag abgelehnt, dann ist es schwierig, es woanders von Neuem zu versuchen. Deswegen ist es wichtig, dass Sie zeitgleich mindestens drei, wenn nicht mehr, Versicherungsanträge verschicken. Wir empfehlen: Vergleichen Sie die Versicherungen und deren Leistungspakete und Annahmevoraussetzungen, sofern diese öffentlich einsehbar sind. Suchen Sie bewusst nach den Zusatzleistungen, die Ihnen wichtig sind, und grenzen Sie die Versicherungen

Checkliste

Diese Leistungen sollte eine Wohngebäudeversicherung bieten

Neben den Grundbausteinen Feuer, Leitungswasser, Sturm und Hagel sowie Elementargefahren sollten Sie vor allem auf die Leistungen achten. Die Standardleistungen sowie die wichtigsten Zusätze sollten auf jeden Fall in einer Wohngebäudeversicherung integriert sein. Unter „Zusätze nach Bedarf" finden Sie Optionen, die je nach Situation empfehlenswert sind.

Die Standardleistungen

☐ **Beschädigung:** Die Reparatur der beschädigten Teile des Hauses werden vom Versicherer finanziert. Zudem gibt es noch einen Ausgleich, sollte der Wert des Hauses durch den Schaden dauerhaft gemindert worden sein.

☐ **Verlust:** Auch verlorengegangene Gebäudeteile (z. B. durch einen Sturm abgerissen) ersetzt die Versicherung.

☐ **Wiederaufbau:** Ist das Haus komplett zerstört, ersetzt die Versicherung den aktuellen Neubauwert für

den entsprechenden Ort. Die Beträge schrumpfen aber, wenn der Neubau nicht innerhalb von drei Jahren gestartet wurde.

Wichtige Zusätze

☐ **Abbruch- und Aufräumkosten:** Diese Option sollte in einer Wohngebäudeversicherung integriert sein. Hierzu gehören Beseitigung von Restmauern, die Trocknung des Hauses oder das Abfahren des Bauschutts. Dieser Zusatz sollte mit etwa 50 000 Euro abgesichert sein.

☐ **Schäden durch Dekontamination:** Zumindest zum Teil sollte das Abtragen und Entsorgen von giftigen Stoffen wie Erdöl oder Brandschutt mitversichert sein.

☐ **Verzicht auf die Einrede der groben Fahrlässigkeit:** Die Versicherung hat normalerweise das Recht, die Zahlungen zu kürzen oder gar zu verweigern, wenn der Schaden vom Eigentümer grob fahrlässig verursacht wurde. Das sollte vermieden werden: Ihre Police sollte als Zusatzleistung den Verzicht auf die Einrede der groben Fahrlässigkeit enthalten. Zahlungsgrenzen (z. B. in Höhe von 10 000 Euro) sollten Sie nicht hinnehmen; die Versicherung soll auch bei grober Fahrlässigkeit voll zahlen.

☐ **Schäden durch Überspannung:** Ein Gebäudeschaden durch einen Blitz ist nur dann einer, wenn er direkt in das Haus einschlägt. Kommen Schäden durch einen Blitzeinschlag in eine Oberleitung oder durch elektrische Geräte zustande, dann zahlt die Versicherung nicht – es sei denn, Sie haben Überspannungsschäden als Zusatz inkludiert.

☐ **Mehrkosten durch neue Auflagen:** Ein Haus neu aufbauen, so wie vor 60 Jahren, das ist heute nicht mehr möglich. Die Vorschriften der Behörden verursachen heutzutage weit mehr Kosten als noch damals. Diese Mehrkosten sollte die Versicherung ebenfalls tragen.

Zusätze nach Bedarf

☐ **Restwert:** Ist ein Großteil des Hauses zu Schaden gekommen, aber der andere Part muss trotzdem – aufgrund von Bauauflagen – abgerissen werden, dann erhalten Sie mit dieser Zusatzleistung den entsprechenden Restwert als Ausgleichszahlung.

☐ **Nutzwärme:** Brände sind in einer Gebäudeversicherung selbstverständlich eingeschlossen – es sei denn, das Feuer ging von einem Herd, Kamin oder einer ähnlichen Hitzequelle aus. Je nach Mehrkosten sollten Sie dies aber durch einen Zusatz mitversichern.

☐ **Grundstücksbestandteile:** Wer viele Gegenstände rund um das Gebäude – wie Gartenlaternen, Skulpturen oder Zäune – hat, kann diese mitversichern.

☐ **Bäume:** Wenn Sie viele Bäume auf dem Grundstück haben, ist dieser Zusatz sinnvoll. Hierbei werden auf Kosten der Versicherer entwurzelte Bäume entfernt und entsorgt.

☐ **Hotelkosten:** Für eine bestimmte Zeit kann die Versicherung die Kosten für ein Hotelzimmer übernehmen, wenn das beschädigte Haus unbewohnbar ist.

aus, die am teuersten sind. Und sollte die Suche zu kompliziert sein: Unter test.de/wohngebaeudeversicherung bietet die Stiftung Warentest eine umfangreiche Vergleichstabelle mit Wohngebäudeversicherungen an (der Artikel kostet online 4,- Euro).

→ Was tun bei schlechter Risikozone?

Fällt Ihr Haus in die Risikozonen Zürs 3 oder 4, dann wird relativ wahrscheinlich fast jeder Versicherer Ihren Antrag ablehnen. Da Sie aber gerade in diesen Zonen einen Schutz gegen Elementargefahren benötigen, sollten Sie nicht den Kopf in den Sand stecken: Manche Anbieter machen auch Ausnahmen! Beispielsweise die Ergo nimmt mit ihrem Tarif „Wohngebäude Spezial" auch Häuser aus den Zonen Zürs 3 und 4 auf. Hierbei gibt es keine Einzelfallprüfung, sofern innerhalb der letzten fünf Jahre keine Vorschäden entstanden sind.

Bei der Ermittlung der Versicherungssumme sollten Sie den akkuraten Neubauwert nach aktuellem Stand kennen. Hierbei wird der Wert des Hauses zum Zeitpunkt des Baus ermittelt und dann über eine Indextabelle auf die heutige Zeit hochgerechnet. Um Unterversicherung auszuschließen, ist es empfehlenswert, dass Sie hier eng mit dem Versicherer zusammenarbeiten: Die Summe, die deren Prüfer ermitteln, ist spä-

ter dann nicht mehr anfechtbar. Übrigens: Legen Sie vertraglich fest, was alles mitversichert werden soll. Nur das Haus oder auch Garagen, Gartenhäuser oder mehr? Nur das, was explizit im Vertrag aufgeführt ist, wird auch gegen die finanziellen Schäden durch Feuer und Co. geschützt sein.

Bestehende Verträge

Ist der Versicherungsabschluss unter Dach und Fach, können Sie sich beruhigt zurücklehnen. Dennoch müssen Sie gelegentlich einen Blick in die Police werfen. Warum? Selten bleibt ein Haus in dem Zustand bestehen, in dem Sie es gebaut oder gekauft haben. Haben Sie Verbesserungen vorgenommen, etwa einen Carport hinzugebaut oder den Keller komplett renoviert, dann sind diese Verbesserungen nicht geschützt. Genauso verhält es sich mit einem Gartenhäuschen, das zu einer Sauna umfunktioniert wurde, und ähnlichem. Sollen die Neuerungen auch geschützt werden, dann müssen Sie diese der Versicherung melden.

Grundsätzlich sollten Sie sich damit befassen, ob sich Standards einer Wohngebäudeversicherung über die Jahre verbessert haben. Beispielsweise sind Schäden durch Überspannung erst seit 2010 regelmäßig in Policen zu finden. Bevor Sie aber überstürzt kündigen, sollten Sie mit Ihrem Versicherer über den Einschluss neuerer Leistungen sprechen.

Sie müssen übrigens darauf achten, dass Ihr Haus weiterhin im guten Zustand bleibt.

Wichtige Versicherungen für Häuslebauer

Gut versichert soll man nicht erst sein, wenn das Haus steht: Wenn Sie mitten im Hausbau stecken, sollten Sie sich und Ihr Haus gut schützen. Zudem erhalten Sie von Banken auch nur dann Kredite, wenn die wichtigsten Versicherungen abgeschlossen werden.

☐ **Bauleistungsversicherung:** Das, was Sie mit der Wohngebäudeversicherung versichern, schützen Sie schon während des Baus mit einer Bauleistungsversicherung. Denn ein Starkregen kann sehr schnell einen Rohbau in eine Ruine verwandeln.

☐ **Feuerversicherung für den Rohbau:** Ohne eine Feuerversicherung für den Rohbau ist Ihr zukünftiges Zuhause nicht optimal geschützt – und außerdem erhalten Sie dann von manchen Banken keinen Kredit. Oft können Bauherren die Feuerrohbauversicherung auch im Zusammenhang mit einer Wohngebäudeversicherung abschließen. Dies muss dann beim gleichen Versicherer geschehen. Vorteil: Die Feuerrohbauversicherung ist dann oft beitragsfrei eingeschlossen. Sie wird mit der Fertigstellung des Hauses zur Wohngebäudeversicherung.

☐ **Zusätzlicher Elementarschutz in der Hausratversicherung:** Während Sie mit den beiden genannten Versicherungen Ihr zukünftiges Haus schützen, sollte auch Ihr Hausrat abgesichert sein. Zumindest dann, wenn Sie im halbfertigen Haus schon erste Möbel und Gegenstände unterbringen, ist eine Hausratversicherung mit zusätzlichem Elementarschutz wichtig.

☐ **Bauherrenhaftpflicht:** Bietet Ihre Privathaftpflichtversicherung keine ausreichende Sicherheit bei dem Bauvorhaben, benötigen Sie eine Bauherren-Haftpflichtversicherung. Sobald der Bau beginnt, haften Sie als Bauherr für alle Schäden, die rund um die Baustelle entstehen.

☐ **Bauhelfer-Unfallversicherung:** Wenn Freunde und Bekannte auf der Baustelle mit anpacken, müssen Sie sie bei der Berufsgenossenschaft mit einer Bauhelfer-Unfallversicherung absichern.

Totalschaden
Hier ist nicht nur der Hausrat
vernichtet, sondern auch das
Gebäude selbst beschädigt.

Sollte nach einem Schadenfall die Versicherung ermitteln, dass der Schaden nur deswegen entstand, weil Sie beispielsweise nie die Dachrinnen und Wasserfallrohre gereinigt haben, dann könnten die Zahlungen stark gekürzt oder sogar komplett verweigert werden. Ein Verkommen des Hauses kann sich also nur negativ auf die Versicherung auswirken. Und genauso geht es auch andersherum: Wenn Sie vorhaben, Teile des Hauses so zu renovieren, dass auch Wasserleitungen komplett saniert werden, dann sollten Sie Ihre Versicherung fragen, ob sich dies nicht positiv auf die Beitragszahlungen auswirkt.

Wichtige Haftpflichtversicherungen

Ist die Wohngebäudeversicherung unter Dach und Fach, sollten Hausbesitzer auch hinsichtlich der Haftpflichtversicherung etwas ergänzen. Haben Sie im Haus eine Ölheizung, sollten Sie unbedingt auch eine Gewässerschaden-Haftpflicht besitzen. Das ist gerade dann sinnvoll, wenn die Gewässerschaden-Vorgaben in Ihrer Privathaftpflicht nicht ausreichen sollten.

Wenn Sie einzelne Zimmer in Ihrer Immobilie vermieten, dann dürfte ebenso Ihre private Haftpflicht ausreichen. Wenn Sie weit mehr Wohnungen vermieten, ist eine zusätzliche Haus- und Grundbesitzerhaftpflicht mit einer Versicherungssumme von mindestens 5 Millionen Euro empfehlenswert.

Eingebrochen: Was tun?

Was man alles hätte besser machen können: Vorwürfe sind das Letzte, was man
braucht, wenn es mal passiert ist. Doch
auch dann, wenn eingebrochen wurde,
werden in der Hektik oft Fehler gemacht.
Dieses Kapitel hilft Ihnen.

Sie kommen nach Hause – und merken sofort, dass etwas nicht stimmt.
Beispielsweise ist die Wohnungstür auf.
Oder ein Fenster steht sperrangelweit offen.
Hat hier jemand vergessen, anständig ab-
zuschließen? Oder wurde etwa eingebrochen? Schon vor dem Eintreten kann ein ra-
scher Blick die Zweifel beseitigen: Auch
wenn Einbrecher sehr schnell zu Werke gehen, lassen sich an Tür- oder Fensterrahmen
auf Höhe der Verriegelung Kratzer nicht
vermeiden. Sind Einbruchspuren zu sehen,
liegt es eigentlich auf der Hand, dass jemand Unbefugtes in der Wohnung war –
oder vielleicht noch ist?

Rufen Sie sofort die Polizei, und spielen
Sie nicht den Helden. Idealerweise führen
Sie das Telefonat nicht direkt an der Haus-
oder Wohnungstür, sondern so weit entfernt,
dass Sie keine Aufmerksamkeit erregen,
zum Beispiel in der Wohnung eines Nachbarn. Übrigens: Auch über eine klassische
Telefonzelle lässt sich die Nummer 110 ohne
Münzeinwurf wählen.

Auf frischer Tat ertappt

In der Regel bekommt man einen Einbrecher nicht zu Gesicht. Aber was, wenn doch?

→ **„Verbrecher" werden oft** über einen Kamm geschoren. Dabei sieht es in deren Köpfen ganz unterschiedlich aus. Vergleichsweise unberechenbar sind Triebtäter; auch Raubtäter wagen den Kontakt mit dem Opfer.

Doch die meisten Kriminellen sind in erster Linie auf Profit aus – und das am liebsten, ohne erwischt zu werden. Das ist bei Einbrechern nicht anders: Laut dem Landeskriminalamt Nordrhein-Westfalen fliehen knapp 85 Prozent aller Einbrecher, sobald sie bei der Tat entdeckt werden. Denn eine Konfrontation mit jemanden, der sein Eigentum schützen möchte, wollen die wenigsten. Auch besteht die Gefahr, dass ein persönliches Aufeinandertreffen negativ enden kann. Kommt es dabei zu Verletzungen oder Schlimmerem, dann wären die juristischen Folgen nicht mit denen eines simplen Einbruchs vergleichbar. Verständlich also, dass Gauner ihre Tat lieber ohne Begegnungen ausführen möchten.

Doch es ist nicht auszuschließen, dass sich Opfer und Täter begegnen. Beispielsweise könnten Sie selbst im Haus sein, wenn eingebrochen wird. Auch wenn Einbrecher den Kontakt scheuen, so wagen sich doch viele in die Räumlichkeiten, wenn sich jemand woanders im Haus aufhält. Manche Einbrecher durchforsten dann behutsam, leise und vor allem schnell das Erdgeschoss, während die Eigentümer ein Stockwerk höher schlafen.

❝ **Wenn Sie im Haus einen Einbrecher hören, sollten Sie unbedingt Lärm machen. Das typische Verhalten von Einbrechern ist Flucht. Die wenigsten wollen eine Konfrontation.** ❞

Georg von Strünck, Hauptkommissar beim LKA Berlin

Es kann auch passieren, dass man nichtsahnend in das Haus oder die Wohnung kommt und auf einmal einem Einbrecher gegenübersteht. Hier gilt es vor allem, die Situation so sicher wie möglich zu lösen. Das bedeutet: Fliehen lassen anstatt den Täter fest- bzw. aufzuhalten. Zwar haben Sie das Recht auf Notwehr, aber die Gefahr, dass der Einbrecher in der Panik gefährlich werden kann, ist in diesen Situationen besonders hoch.

Vorsicht bei Notwehr

Sie haben ein Recht auf Notwehr, insbesondere dann, wenn Ihr Leben, Ihre Gesundheit oder Ihr Eigentum bedroht sind. Empfehlenswert ist das aber nicht, da eine Notwehr auch schnell gefährlich werden kann.

Unter dem Begriff Notwehr kann sich im Grunde jeder etwas vorstellen. Doch die Justiz achtet genau darauf, ob eine Notwehrsituation vorlag. Es muss ein klarer, rechtswidriger Angriff auf Gesundheit, Freiheit, Leben oder Besitz gegenwärtig stattfinden – und zwar just im Moment. Nicht vor wenigen Sekunden und auch nicht kurz danach. Die Beweispflicht, dass Sie wirklich angegriffen wurden, haben vor dem Richter übrigens Sie.

Notwehr ist nur dann legitim, wenn zur Abwehr das „mildeste aus allen möglichen und gleichwertig effektiven Mitteln" gewählt wird. So steht es im Gesetz geschrieben. Heißt: Wird ein unbewaffneter Einbrecher von einem Mieter ohne Vorwarnung erschossen, dann wird das vor Gericht als übertriebene Notwehr gelten.

Die Regeln der Notwehr beziehungsweise Nothilfe sind klar, aber in der Hektik und der Panik des Moments werden sie oft missachtet. Aus diesem Grund der wiederholte Rat: Lassen Sie es gar nicht so weit kommen.

Das Ziel sollte es sein, einem Einbrecher gar nicht erst den Zutritt zu ermöglichen. Hat er es dennoch in Haus und Wohnung geschafft, sollte man ihm besser nicht begegnen. Deswegen ist verstecken und die Polizei rufen besser als Notwehr.

→ Einbruch in der Nachbarschaft?

Nichts anderes sollten Sie übrigens tun, wenn Sie bemerken, dass eventuell bei Nachbarn eingebrochen wurde. Ein Lichtschein einer Taschenlampe hinter den Fenstern kann beispielsweise von den Nachbarskindern verursacht werden – aber möglicherweise handelt es sich auch um jemand Unbefugten. Wenn Sie sich unsicher sind, rufen Sie lieber die Polizei, und unternehmen Sie nichts weiter.

✗ Vorsicht mit Pfeffersprays: „Tierabwehrsprays" werden oft nicht nur zum Schutz vor großen Hunden gekauft. Beim Einsatz gegen Menschen gilt die Regel des mildesten Mittels: Ist ein Einbrecher unbewaffnet und Sie attackieren ihn ohne Vorwarnung, kann das später vor Gericht gegen Sie verwendet werden. Außerdem können Sie sich mit einem Tierabwehrspray im Haus auch leicht selbst außer Gefecht setzen.

Gehen Sie auf Nummer sicher

Wurde bei Ihnen eingebrochen, dann rasen die Gedanken. Dennoch ist es wichtig, in dieser Situation einen kühlen Kopf zu bewahren.

→ **Ist alles noch da?** Oder darf ich überhaupt nachschauen, bevor die Spurensicherung alles überprüft hat? Fragen über Fragen – doch wir helfen Ihnen. Denken Sie daran: Was genau Sie angeben und tun, wird bei einer Hausratversicherung später möglicherweise genau analysiert.

Nach dem Einbruch – Schritt für Schritt

Wenn Sie sich an unsere Schritt-für-Schritt-Anleitung halten, gehen Sie auf Nummer sicher und laufen nicht Gefahr, etwas zu vergessen

1 **Auf Einbrecher checken:** Wie schon erwähnt, sollten Sie sich zunächst vergewissern, dass der oder die Einbrecher nicht mehr im Haus sind. Wenn Sie schon nach Sekunden das Gefühl haben, dass noch jemand da sein könnte, dann verlassen Sie Ihre Wohnung möglichst schnell, und gehen Sie zu Nachbarn oder verlassen Sie das Haus.

2 **Polizei rufen:** Nun sollten Sie nicht lange warten, sondern direkt unter 110 die Polizei rufen. Beantworten Sie alle Fragen, soweit Sie es bereits können.

3 **Schaden mindern:** Anfassen sollten Sie in Ihrer Wohnung am besten nichts – aber dennoch müssen Sie Ihrer Schadenminderungspflicht nachgehen. Das heißt vor allem: Gehen Sie sicher, dass niemand mehr über die beschädigten Türen und Fenster einbrechen kann. Sichern Sie diese, so gut es geht.

4 **Erster Eindruck:** Verschaffen Sie sich einen groben Eindruck, was fehlt und was zerstört wurde. Notieren Sie sich alles, und schießen Sie gegebenenfalls schon erste Fotos. Überprüfen Sie, ob sensible Dokumente wie Kreditkarten, Sparbücher oder Pässe fehlen. Sperren Sie dann vermisste Bankkarten sowie Telefon-SIM-Karten. Eine empfehlenswerte Hotline ist 116 116! Hierüber lassen sich zentral alle EC- und Kreditkarten sperren.

5 **Erkundigungen einholen:** Während Sie auf die Polizei warten, können Sie bei Nachbarn fragen, ob diese etwas vom Einbruch mitbekommen haben. Auch verdächtige Situationen an den Vortagen können bei der Ermittlung weiterhelfen.

6 **Versicherung kontaktieren:** Rufen Sie Ihre Versicherung an. Informieren Sie sie über den Einbruch, und erwähnen Sie, was auf den ersten Blick gestohlen oder zerstört wurde. Sagen Sie aber auch, dass eine genaue Stehlgutliste in den kommenden Tagen folgen wird. Fragen Sie Ihre Versicherung, was genau Sie als nächste Schritte tun sollen.

7 **Aufnahme des Einbruchs:** Ist die Polizei da, wird diese den Einbruch aufnehmen. Übrigens: Ewig lange dürfte das Anrücken den Polizei nicht dauern. Wie das Kriminologische Forschungsinstitut Niedersachsen herausgefunden hat, ist bei etwa 90 Prozent aller Fälle die Polizei innerhalb einer Stunde vor Ort; in etwa 40 Prozent sogar innerhalb der ersten zehn Minuten. Bei der Aufnahme des Einbruchs ist es praktisch, wenn Sie schon erste Aufzeichnungen zum Schaden erstellt haben. Es ist ratsam, hier möglichst viel anzugeben. Denn zum einen erleichtert dies die Ermittlungen und zum anderen macht es sogar Sie gegebenenfalls verdächtig, wenn Sie mehrere Tage später der Polizei und der Versicherung auffällig viel weiteres Diebesgut als gestohlen nennen.

8 **Spurensicherung:** Oft wird Spurensicherung direkt von den aufnehmenden Beamten durchgeführt. Manchmal kommt die Spurensicherung separat, in der Regel aber noch am gleichen Tag.

Bei der Spurensicherung werden die Einbruchspuren und Verwüstungen genau begutachtet und fotografiert. Türen und Schubladen oder andere Oberflächen werden möglicherweise auf Fingerabdrücke und DNA-Spuren überprüft. Für diese Zwecke müssen Sie eventuell auch einen DNA-Speicheltest und Ihre eigenen Fingerabdrücke abgeben. So kann die Spurensicherung später die hinterlassenen Spuren der Täter besser identifizieren. Abschließend erhalten Sie von der Polizei eine Anzeigenbestätigung samt einer Vorgangsnummer. Dieses Dokument ist für Ihre Unterlagen bestimmt und sollte in Kopie auch an die Versicherung gehen.

9 **Reparaturen:** Falls noch nicht geschehen, sollten Sie mit Ihrer Versicherung auch klären, wie Sie bezüglich der Reparatur der Türen und Fenster vorgehen können. Immerhin ist es ja in Ihrem Interesse, dass die Versicherung die Kosten trägt. Wenn Sie einen Handwerker kommen lassen, sollten Sie mit einer gesunden Portion Skepsis vorgehen: Manche Handwerker nutzen gerne die Gunst der Stunde und versuchen, den geschockten Bewohnern teure (und teilweise unnütze) Sicherheitstechnik zu verkaufen. Wir empfehlen, dass Sie sich am besten auf einen Handwerker verlassen, der vom Landeskriminalamt anerkannt ist. Welche das sind, erfahren

Stehlgutliste

Tag des Schadens: **Aktenzeichen der Polizei:**

Name: **Telefon:**

Anschrift:

Nr.	Gestohlener Gegenstand	Marke/Hersteller/Typbezeichnung Individuelle Merkmale/eigene Kennzeichnung	Anschaffungs-jahr	Kaufpreis	Kaufpreis aktuell	Beleg (ja/nein)	Sonstiges

Verlustmeldung

Nach einem Einbruchdiebstahl müssen Sie möglichst schnell eine ausführliche Stehlgutliste an den Hausratversicherer schicken.

Sie von Ihrer Polizei – teilweise sogar online. Auf Seite 140 finden Sie die benötigten Infoquellen.

❿ Stehlgutliste anfertigen: Abschließend müssen Sie eine detaillierte Liste aller gestohlenen Gegenstände (am besten mit Belegen zum Eigentum) anlegen und diese an die Polizei sowie an Ihre Versicherung weitergeben.

Die perfekte Stehlgutliste

Einfach mal grob auflisten, was alles gestohlen worden ist – das sollten Sie auf jeden Fall tun. Aber nur als Hilfsmittel. An die Polizei und die Versicherung sollten Sie hingegen unbedingt eine detaillierte und umfassende Aufstellung aller gestohlenen Gegenstände weitergeben. Die am Anfang erstellten Notizen können hierbei sehr gut als Gedächtnisstütze dienen.

→ Stehlgutliste rechtzeitig einreichen

Dies sollten Sie möglichst unverzüglich erledigen – innerhalb von zwei Wochen nach dem Einbruch. Es empfiehlt sich aber, die genaue Frist bei der Versicherung zu erfragen. Wenn Sie die Frist nicht einhalten, könnte es sein, dass die Versicherung den Schaden gar nicht oder nur anteilig ersetzt.

Eine perfekte Stehlgutliste enthält neben den wichtigsten Informationen zum Vorgang wie Schadentag, (polizeiliches) Aktenzeichen und Ihren Kontaktdaten vor allem eine ausführliche Auflistung aller gestohlenen Wertgegenstände. Neben der Bezeichnung eines Gegenstands sind Marke sowie die genaue Typbezeichnung oder Modellnummer wichtig. Geben Sie auch an, wann

Sie ihn gekauft haben, wie hoch der Neukaufpreis ist und ob es Belege gibt: Quittungen, Rechnungen, Zertifikate, Garantiescheine und Rechnungen – all diese Optionen sind hilfreich. Gut möglich, dass Sie das eine oder andere auch auf Ihrem Computer gespeichert haben oder noch in Ihrem E-Mail-Postfach finden können.

Tiefe Angst vor Einbrüchen

So sachlich, wie von uns beschrieben, läuft es nach einem Einbruch eher selten ab. Grübeln, Unbehagen, Angst: Ein Einbruch verwüstet nicht nur die Wohnung.

Spätestens dann, wenn die Polizei den Tatort verlässt, beginnt das Grübeln. Ein Auf und Ab widerstreitender Gefühle entwickelt sich im Laufe der kommenden Stunden, Tage oder gar Wochen. Immerhin ist die eigene Wohnung der wichtigste – wenn nicht der einzige – ganz private Rückzugsort. Hier konnte man sich geborgen fühlen, hier war man sicher, hier konnte man tun und lassen, was man wollte. Bis jetzt! „Der Wohnungseinbruch stellt auch einen Einbruch in die Privatsphäre dar", beschreibt es der Psychotherapeut Peter Liebermann aus Leverkusen passend. „Der Gedanke, dass man eigentlich geschützt ist und nichts passieren kann, löst sich durch die Realität auf."

Was genau einen verunsichert, ist bei jedem unterschiedlich. Oft geraten Männer beispielsweise in Wut aufgrund der geklauten persönlichen Gegenstände. Die meisten Frauen hingegen empfinden die Sachbeschädigung als weit schlimmer als den Verlust des Eigentums. Doch alle Merkmale kann man natürlich nicht nach Geschlecht oder Temperament einsortieren.

Während die einen vermehrt Angst vor erneuten Einbrüchen haben, entwickeln andere auf Grund der Tat vermehrt Ekelgefühle. Immerhin wurde das privateste Eigentum von Unbefugten durchgewühlt und begrabscht. Viele Einbruchopfer schmeißen deswegen nach der Tat alle Lebensmittel in den Müll, waschen alle Kleidungsstücke mehrmals, schmeißen die Bettwäsche weg oder reinigen die ganze Wohnung von oben bis unten. Sitzt der Schock sehr tief, kann so schnell ein Putzzwang entstehen. Dies ist nur ein Beispiel von vielen, wie Einbruchopfer versuchen, mit der Situation fertig zu werden.

100
VON HUNDERT EINBRUCHS- OPFERN …

… haben **20** den spontanen Wunsch, aus der Wohnung aus-zuziehen. Vier von denen setzen dieses Vorhaben sogar tatsäch-lich um.

… fühlen sich **25** von der Tat psychisch geschädigt. Die finan-ziellen Verluste spielen dabei eine untergeordnete Rolle.

… geben **13** Betroffene an, danach seltener aus dem Haus zu gehen.

Langfristige Auswirkungen

Ganz spurlos geht ein Einbruch sicher an niemandem vorüber. Typisch ist das Gefühl ausgelaugt, schlapp und müde zu sein, kei-ne Energie für die Arbeit oder die Freizeit zu haben. Manche Menschen sind nach einem Einbruch weniger gesellig als zuvor. Auch der Gedanke an Rache schwirrt so manchem Einbruchsopfer durch den Kopf.

Doch gut zu wissen: Die meisten Ein-bruchsopfer wissen mit den negativen Ge-danken umzugehen. Nach ein bis zwei Wo-chen werden die negativen Gefühle immer weniger. Ganz beseitigen lassen sie sich aber wohl nie: Während die einen später immer wieder mit einem kurzem Kopfschütteln an das Erlebte zurückdenken, sitzt bei anderen der Schock weitaus tiefer.

> 66 **Einbruchsopfer leiden nicht nur unter dem materiel-len Schaden, den ein Ein-bruch verursacht. Jedes fünf-te bis sechste Opfer leidet langfristig unter Ängsten und psychischen Belastungen.** 66

Bianca Biwer, Bundesgeschäftsführerin der Hilfsorganisation Weißer Ring

Auch noch viele Monate nach einem Ein-bruch kann die Tat das Leben und den Alltag umfangreich beeinflussen. Beispielsweise fühlt sich fast jedes zweite Einbruchsopfer selbst ein Jahr später noch unsicher in der eigenen Wohnung. Jeder Achte gibt sogar an, seltener als früher aus dem Haus zu gehen. Während Panikattacken und Rachegefühle der ersten Wochen irgendwann vergehen, kehrt bei manchen Betroffenen anschließend eine tiefe Angst ein, die selbst nach Jahren nicht verschwindet.

Wer zwei Wochen nach einem Einbruch noch Probleme hat, den Alltag normal weiterzuführen, sollte dringend einen Arzt aufsuchen. Denn hier wurde das in der Kindheit angelegte Urvertrauen so sehr beschädigt, dass dies womöglich ein Trauma ausgelöst hat.

Auch neue Belastungen können so entstehen: Manche Betroffene entwickeln Angst vor lauten Geräuschen oder dunklen Orten. Sie sind auf einmal sensibler, fürchten sich vor Kriminalität im Wohnumfeld. Andere wiederum entwickeln plötzlich ein ausgeprägtes Absicherungs- und Kontrollverhalten.

→ Negative Folgen bei Kindern

Selbstverständlich können auch Kinder nach einem Einbruch Ängste und bedrohliche Fantasien entwickeln. Die Furcht vor Monstern unter dem Bett wird wieder geweckt beziehungsweise verstärkt. Eltern, die beobachten, dass ihre Kinder infolge eines Einbruchs introvertierter werden, nicht mehr so viel sprechen oder plötzlich Angst vor Fremden haben, sollten mit den Kindern, Lehrern und auch Psychologen reden – vor allem auch dann, wenn die schulischen Leistungen nachlassen.

Reden, shoppen, ablenken

Zum Glück verdauen jedoch die meisten Menschen einen Einbruch überraschend gut. Und es gibt verschiedene Möglichkeiten, die Folgeerscheinungen schneller und besser zu beseitigen. Vor allem für jene, bei denen die Tat tiefgreifendere Auswirkungen verursacht hat, sind die folgenden Tipps hilfreich.

▶ **Grundsätzlich sollten Sie** die Gefühle nicht unterdrücken – weder Ihre eigenen noch die der anderen Betroffenen. Selbst jene, die sich besonders stark fühlen und den Einbruch relativ rational aufarbeiten, sollten die Tat nicht auf die leichte Schulter nehmen. Manche Gefühle sitzen tiefer, als man zunächst annimmt.

▶ **Reden Sie!** In Ihrem privaten Umfeld sollten Sie nach Unterstützung suchen und über das Erlebte und Ihre Ängste sprechen. Lassen Sie sich nicht von den Schuldgefühlen mancher Mitmenschen leiten („Hättest du mal besser aufgepasst …"), sondern suchen Sie den Kontakt zu denen, die Ihnen wirklich zuhören. Denn Einbrüche können jedem

Was für ein Schock!
Ein Einbruch zerstört auch ganz heftig das Gefühl von Sicherheit und Geborgenheit im eigenen Zuhause.

passieren – auch den altklugen Ratschlaggebern.

▶ **Auch wenn es anstrengend ist:** Das Erstellen von Stehlgutlisten, der Einkauf von neuen Gütern sowie das Managen von Reparaturen sind eine praktische Ablenkung und helfen, den Schaden wieder gutzumachen.

▶ **Es bringt nichts,** ewig den gestohlenen Dingen hinterherzutrauern. Nehmen Sie das Geld, das Sie von der Versicherung erhalten, und kaufen Sie sich davon neue Sachen. Das tut gut! Auch eine neue Wohnungsdekoration oder das Umstellen der Einrichtung kann bei der Problembewältigung sehr hilfreich sein. Es zeigt: In dieser Wohnung sind immer noch Sie derjenige, der das Sagen hat.

▶ **Ein gutes Mittel,** das Geschehene zu verdauen, ist, das Haus bzw. die Wohnung für die Zukunft besser abzusichern. Wie das geht, verrät Ihnen dieses Buch,

etwa im Kapitel „Türen und Fenster mechanisch sichern" ab Seite 52.

▶ **Oft haben Einbruchsopfer** Schwierigkeiten damit, das Zuhause wieder als beliebten Rückzugsort zu akzeptieren. Hier kann es helfen, auch andere Orte als „Zweit-Rückzugsorte" zu nutzen: Die Wohnung von Verwandten oder Freunden, das Stammcafé oder das Fitnessstudio helfen, den Umgang mit anderen Menschen wieder zu verbessern und zugleich den nötigen Abstand zu dem Erlebten aufzubauen.

▶ **Wenn Sie merken,** dass die negativen Gefühle gar nicht mehr abklingen, sollten Sie nach spätestens zwei Wochen auf jeden Fall Ihren Hausarzt aufsuchen.

▶ **Therapeutische Beratungsstellen** wie etwa der Verein Weißer Ring e. V. (www.weisser-ring.de) können außerdem bei der Verarbeitung sehr hilfreich sein. Der Weiße Ring e. V. hat sich auf Kriminalitätsfälle spezialisiert und unterstützt die Einbruchsopfer – auch therapeutisch.

▶ **Ein abschließender Rat:** Machen Sie nach einem Einbruch so gut es geht weiter wie bisher! Versuchen Sie, Ihre Lebensgewohnheiten nicht zu sehr zu verändern, sondern verhalten Sie sich nach Möglichkeit wie vorher, gehen Sie weiterhin aus und treffen Sie sich mit Freunden.

❝ In der Regel versucht ein Einbrecher, unbedingt die direkte Konfrontation mit seinem Opfer zu vermeiden. Ertappt man trotzdem einen Gauner auf frischer Tat, sollte man **einen kühlen Kopf bewahren** – und **sofort die Polizei rufen.** Auch weitere Hilfsangebote sollten je nach Bedarf auf jeden Fall in Anspruch genommen werden: Von Versicherungen über Beratungsstellen bis zu ärztlicher Hilfe gibt es glücklicherweise viel Unterstützung für Einbruchsopfer.

Gut geschützt gegen Katastrophen

Nicht nur gegen Einbrecher sollte man sein Haus oder seine Wohnung absichern. Auch andere Unglücke wie Brände, Leitungslecks oder Überschwemmungen können überaus gefährlich werden.

Über 160 000 Einbrüche im Jahr – das sollte man nicht auf die leichte Schulter nehmen. Doch es gibt noch weitere Gefahren, die das traute Heim auf den Kopf stellen können. Zum einen kann die Natur selbst für große Unordnung sorgen. Das beginnt bei Stürmen, Hagelschauern und Blitzeinschlägen und endet bei Hochwasser, Lawinen sowie Erdrutschen. 720 000 Fälle von Elementarschäden sind dem Gesamtverband der Deutschen Versicherungswirtschaft (GDV) aus dem Jahr 2014 bekannt.

Also fast fünf Mal so viel wie Einbrüche im selben Jahr! Nicht ganz so oft, aber auch nicht zu vernachlässigen: Feuer und Brände. Etwa 210 000 Fälle meldet der GDV für 2014. Alle Zahlen werden aber von der Summe der Leitungslecks überragt: Wasserschäden durch defekte Leitungen zählen die Versicherer rund 1,16 Millionen Mal jährlich.

Sie sollten also neben Einbrüchen auch die anderen Gefahren für Ihr Zuhause im Blick behalten – allein schon deshalb, weil sie weit öfter auftreten.

Gefahr Nummer 1: Rohrbruch und Wasserschaden

Schäden durch Leitungswasser sind bei den Versicherungen an der Tagesordnung: Über 3 000 Schadensmeldungen bekommen die Gebäudeversicherer täglich auf den Tisch.

Wasser sucht sich seinen Weg – und nicht immer hält ein Kunststoff- oder Metallrohr dem Druck stand. Auch können Anschlüsse oder Geräte versagen. Neben auffälligen Wasserlachen auf dem Boden kann sich das Element auch schleichend und unbemerkt in Zwischenböden und durch Wände verbreiten und so geeignete Nährböden für Schimmelpilze schaffen.

Ursachen für Leitungslecks

Die Gründe, warum Leitungen nicht immer dicht bleiben, sind unterschiedlich. Ein Problem ist, dass die Wohnansprüche im Laufe der Jahre gestiegen sind; heutzutage werden weit mehr Anschlüsse gewünscht als noch vor 60 oder mehr Jahren. Damit die Masse an Rohrleitungen das Wohnambiente nicht zerstört, ist es heute normal, diese unter Putz zu verlegen. Das Resultat: Rohre lassen sich nicht ohne großen Aufwand erneuern. Eine Grundsanierung des Leitungssystems wäre eine umfangreiche und teure Angelegenheit. Man müsste das Haus fast schon in den Rohbauzustand zurückbringen, um die Leitungen zu erneuern.

Dass Wasserleitungen aber gewartet und hin und wieder erneuert werden müssen, liegt auf der Hand. Auch an Rohren nagt der Zahn der Zeit: Je nach Wasserhärte können die Leitungen undicht werden. Da ein Austausch quasi unmöglich ist, häufen sich heutzutage die Fälle an Lecks.

Die Reparatur eines Rohres ist oft gar nicht das Problem; die Kosten halten sich in Grenzen. Das Teuerste ist in der Tat der weitreichende Folgeschaden, den das Leck verursacht. Fließt Wasser in die Wände und in die Wohnung, dann ist die Gefahr sehr groß, dass in der Folge Schimmel und Pilze die Wände zerfressen. Oft werden diese Folgeschäden viel zu spät bemerkt. Mit einem Wassermelder hätte sich viel Ärger vermeiden lassen können.

Wasserschäden rechtzeitig entdecken

Wer eine Grundsanierung zu kostspielig findet, der sollte zumindest vorbereitet sein. Heißt: Warten Sie nicht zu lange, sondern reparieren Sie ein Leck sofort, bevor Schimmel und Co. die Wände zerstören. Ein praktisches

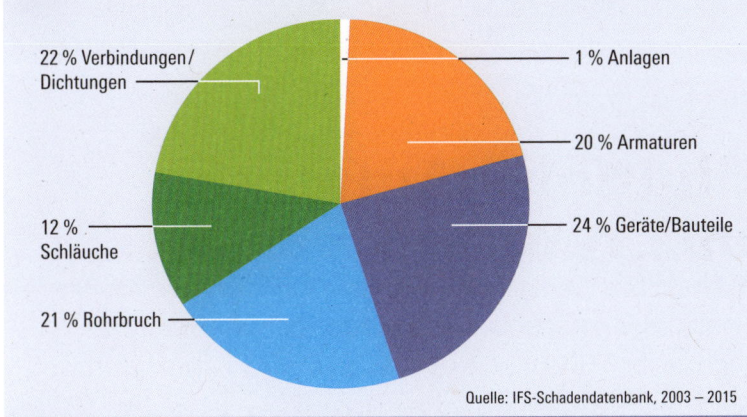

Ursachen (Bauteile) für Leitungswasserschäden

- 22 % Verbindungen/Dichtungen
- 1 % Anlagen
- 20 % Armaturen
- 24 % Geräte/Bauteile
- 12 % Schläuche
- 21 % Rohrbruch

Quelle: IFS-Schadendatenbank, 2003 – 2015

Der Zahn der Zeit

Am häufigsten entsteht ein Wasserschaden durch Geräte (wie Waschmaschinen und dergleichen), Verbindungen, Dichtungen und Armaturen. Auch Rohrbrüche sind Ursache für Wasserschäden.

Warnsystem sind Wassermelder. Diese schlagen sofort Alarm, wenn Wasser austritt. Man kann dann viel schneller reagieren, den Hauptregler zudrehen, die Versicherung einschalten und den Schaden reparieren lassen.

Wassermelder gibt es in unterschiedlichen Ausfertigungen, wobei die schlichten Bodengeräte die erschwinglicheren sind. Sie sind schon ab etwa 10 Euro aufwärts erhältlich und werden unkompliziert in Bodennähe in der Waschküche, im Badezimmer oder in der Küche installiert. Mehrere Kontaktfühler am Boden erkennen dann, ob sich eine Wasserlache bildet, worauf das Gerät Alarm schlägt.

Umfassenderen Schutz bieten Wassermelder, die in den Leitungskreislauf eingebaut werden und den Ein- und Ausfluss sowie den Druck messen. Scheint der Wasserlauf unregelmäßig, sperrt das Gerät automatisch den Zufluss. Noch exakter arbeitet ein Wassermelder, dessen Sensoren direkt an den Rohren angebracht sind. Erkennen sie Feuchtigkeit, schlägt der Melder Alarm. Verglichen mit den simplen Bodengeräten sind diese Varianten aber kostspieliger und in der Installation aufwendiger. Bei Waschmaschinen ist heute ein Sicherheitsventil („Aqua-Stopp") zwischen Wasserhahn und Zuleitungsschlauch der Waschmaschine Standard.

Immerhin 62 Prozent aller deutschen Hausbesitzer stufen Leitungswasser als gefährlich für ihr Eigenheim ein. Nur Brände werden mit 90 Prozent höher eingeschätzt. Doch was ist es eigentlich, das Leitungswasser gefährlich macht? Laut dem Institut für Schadenverhütung und Schadenforschung ist die Hauptursache für einen Leitungswasserschaden eine falsch ausgeführte Installation. Mängel an Produkten oder Fehler bei Einbauplanungen treten mit 12 bzw. 2 Prozent am seltensten auf.

Wenn die Wohnung oder das Haus brennt

Jährlich erfasst der Gesamtverband der Deutschen Versicherungswirtschaft über 210 000 Fälle von Feuer und Bränden in Wohnräumen.

→ **Nicht zu unterschätzen** sind Brände in Wohnungen und im Haus. In den meisten Fällen kann ein Hausbrand noch rechtzeitig vermieden werden. Sicher ist: Wer Feuer rechtzeitig bemerkt und schnell handelt, kann Schlimmeres oft verhindern. Doch das Risiko ist hoch, dass man nicht nur sein Hab und Gut verliert, sondern auch sein Leben: Jedes Jahr sterben in Deutschland etwa 500 Menschen durch einen Brand in den eigenen vier Wänden.

Elektrische Defekte und menschliches Fehlverhalten

Ein großes Feuer kann in Wohnräumen auf vielerlei Wegen entstehen. Brandursache Nummer eins ist die Elektrizität: Etwa jeder dritte Hausbrand geht auf die Fehlfunktion eines elektrischen Geräts zurück. Vor allem handelt es sich dabei um technisch überholte Geräte wie Röhrenfernseher, Computerbildschirme und Billiggeräte ohne Prüfsiegel wie etwa GS, VDE oder VdS. Auch können Elektrogeräte falsch aufgestellt sein: Ein Kühlschrank, dessen Lüftungsschlitze verdeckt sind, kann durch Wärmestau ebenfalls in Brand geraten. Weitere Gründe sind ein marodes Stromnetz oder viel zu viele Stromverbraucher an ein und derselben Steckdose.

Und schließlich können auch jene Geräte, die grundsätzlich heiß werden – wie Bügeleisen oder Herd – bei unsachgemäßer Nutzung einen Brand auslösen. Vor allem der Herd ist nicht selten im wahrsten Sinne ein Brandherd: Ein Topf oder eine Pfanne, die auf der eingeschalteten Herdplatte vergessen werden, können so stark erhitzt werden, dass ein Feuer entsteht. Insbesondere Fett ist ein gefährlicher Brandbeschleuniger. In Kombination mit einer verschmutzten Dunstabzugshaube kann so schnell ein Brand entstehen, der sich nicht so leicht löschen lässt.

Schließlich ist auch das wortwörtliche Spiel mit dem Feuer schuld an einem Hausbrand. Etwa jeder zehnte Brand geht auf das Konto von zündelnden Kindern. Hier ist es also besonders wichtig, den Kleinen die Gefahr von Feuer ausführlich zu erklären und entsprechende Gegenstände ausreichend wegzuschließen.

Haus in Flammen

Nichts macht so viel Angst wie ein Brand. Immerhin: Die Rauchmelderpflicht gilt nun bundesweit. 2017 hat Berlin sie als letztes Bundesland eingeführt.

Brandursachenstatistik

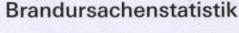

2 % Selbstentzündung

4 % Offenes Feuer

17 % Menschliches Fehlverhalten

9 % Überhitzung

3 % Feuergefährliche Arbeiten

9 % Brandstiftung

2 % Explosion

21 % Sonstiges und unbekannt

0,3 % Blitzschlag

33 % Elektrizität

40 Prozent

mehr Brände als sonst gibt es an Weihnachten und Silvester (Grund: Kerzen und Silvester-Raketen).

95 Prozent

der Brandopfer sterben nicht durch Verbrennungen, sondern durch das Einatmen der giftigen Rauchgase.

SCHLESWIG-HOLSTEIN

MECKLENBURG-VORPOMMERN

HAMBURG

BREMEN

NIEDER-SACHSEN

BERLIN

BRANDEN-BURG

NORDRHEIN-WESTFALEN

SACHSEN-ANHALT

SACHSEN

HESSEN

THÜRINGEN

RHEINLAND-PFALZ

SAARLAND

BADEN-WÜRTTEMBERG

BAYERN

Rauchmelderpflicht bei Neu- und Umbauten

Rauchmelderpflicht bei Alt-, Neu- und Umbauten

Quelle: IFS Brandursachenstatistik 2002 – 2015

→ Feuer! Feuer! Was tun im Notfall?

Die Regel Nummer eins ist: Ruhe bewahren. Nur so kann man schnell abschätzen, wie groß der Brandherd ist: Kann man ihn eventuell noch selber löschen? Oder ist aus einem kleinen Brand schon ein großes Feuer geworden, dem man selber nicht mehr beikommt? Wenn Sie nichts tun können, öffnen Sie möglichst keine Türen zu den brennenden Räumen, da sonst frischer Sauerstoff eindringt und das Feuer weiter anfacht. Auch wenn Sie einen Brand selber löschen konnten: Rufen Sie die 112 an! Verborgene Glutnester können noch schwelen und nach wenigen Stunden wieder Flammen entfachen. Lassen Sie das durch die Feuerwehr überprüfen.

Ist die Feuerwehr gerufen, gilt es, sich und andere in Sicherheit zu bringen. Wenn es bei Ihnen in den Wohnräumen brennt, denken Sie daran: Rauch und Hitze steigen nach oben. Halten Sie sich so nahe am Boden, wie es nur geht. Dort können Sie nicht nur besser atmen, Sie erkennen auch den Fluchtweg besser. Sollten Sie es nicht aus dem Gebäude schaffen, suchen Sie ein Fenster, von dem aus Sie sich Passanten und Feuerwehrleuten bemerkbar machen können.

Praktische Hilfsmittel gegen Feuer

Wer sich gut vorbereitet, ist gegen alle Gefahren bestmöglich gewappnet. Feuerlöscher und Brandschutzdecken sind praktische Werkzeuge, um ein kleines Feuer zu löschen. Effektiver als Feuerlöscher sind aber meist Löschsprays. Diese Sprays sind bereits für 15 bis 30 Euro erhältlich und weit handlicher und leichter als die klassischen Feuerlöscher. Die Sprühreichweite reicht gewöhnlich bis etwa fünf Meter.

Vorsicht bei Fettbrand! Aus Routine wird bei einer entzündeten Bratpfanne auf dem Herd gerne Wasser zum Löschen verwendet, aber das kann einen solchen Brand schlagartig ausweiten. Nehmen Sie lieber eine Löschdecke, um das Feuer zu ersticken. Auch ein passendes Löschspray kann verwendet werden. Achten Sie aber beim Kauf darauf, ob es für Fettbrände geeignet ist. Denn es muss vor allem den Brand bedecken und nicht etwa das brennende Fett aus der Pfanne pusten.

Endlich Pflicht: Rauchmelder

Ein Haus- oder Wohnungsbrand entsteht selten explosionsartig. In den meisten Fällen fängt es sehr klein an – und erst Stunden später entwickelt sich aus einem anfänglichen Glimmen ein offenes Feuer. Bevor die Flammen lodern, ist es der Qualm, der einem gefährlich werden kann. Das Kohlenmonoxid im eingeatmeten Rauch blockiert den Sauerstofftransport der roten Blutkörperchen. Nur wenige Atemzüge des giftigen

Rauchmelder
Gute Geräte kosten
nicht viel und können
Leben retten.

Rauchs reichen schon, um den Tod durch Ersticken herbeizuführen. Es verwundert also nicht, dass 95 Prozent aller Brandopfer nicht durch Verbrennungen sterben, sondern durch das Einatmen des Rauches. Für viele kommt der Tod schleichend, während sie etwa tief und fest schlafen. Wären in solchen Fällen Rauchmelder installiert gewesen, wäre die Todesrate um ein Vielfaches geringer.

66 Derzeit ist erst rund die Hälfte der privaten Haushalte mit einem Rauchmelder ausgestattet. 66

Dr. Jörg von Fürstenwerth, Vorsitzender der Hauptgeschäftsführung des GDV

Verglichen mit den Kosten und den körperlichen wie seelischen Folgen eines Haus- oder Wohnungsbrands sind Rauchmelder Schnäppchen. Empfehlenswerte Modelle sind ab 30 Euro erhältlich und lassen sich ganz einfach an der Zimmerdecke montie-

ren. Sobald auch nur ein wenig Rauch an die Sensoren der Geräte gelangt, wird ein Alarm ausgelöst.

Obwohl Rauchmelder relativ preiswert sind, sind sie doch noch viel zu selten zu finden. Dabei sind die Melder Pflicht: In allen Bundesländern müssen Neu- und Umbauten mit Rauchmeldern ausgestattet werden. Das war nicht immer so: Erst 2017 hat Berlin als letztes Bundesland die Rauchmelderpflicht für Neu- und Umbauten eingeführt. Und in vielen Ländern müssen sogar Altbauten nachgerüstet werden. Doch nach und nach werden überall Rauchmelder in Altbauten Pflicht. In Nordrhein-Westfalen und im Saarland beispielsweise wurde die Altbauten-Pflicht 2017 eingeführt, in Bayern erfolgt Sie 2018.

Unsicher ist, ob nach einem Brand die Gebäudeversicherung zahlt, wenn man der Rauchmelderpflicht nicht nachgekommen ist. Dies handhabt jede Versicherung unterschiedlich. Informieren Sie sich bei Ihrer Versicherung. Besser ist es aber, erst gar kein Risiko einzugehen. Installieren Sie Rauchmelder.

Gewusst wo
Nicht alle Plätze in der Wohnung eignen sich gleichermaßen für die Installation von Rauchmeldern.

Das müssen Sie bei Rauchmeldern beachten

Wir verraten, worauf Sie achten müssen, wenn Sie Rauchmelder installieren wollen.

▶ **Wahl der Produkte:** Welche Rauchmelder angebracht werden sollen, darf der Eigentümer entscheiden. Selbst wenn man als Mieter eigeninitiativ einen Rauchmelder installiert hat, kann der Eigentümer diesen austauschen, wenn er das will. Übrigens: Wenn ein Melder ohne EU-Sicherheitszeichen „CE" zum Einsatz kommt, dann macht man sich strafbar. Empfehlenswert sind Geräte, die ausreichend getestet wurden. Sie sollten keine Billigprodukte verwenden. Zum einen werden diese mit Alkalizellen statt mit Lithiumbatterien betrieben und haben deswegen eine viel kürzere Lebensdauer. Außerdem sind Fehlalarme häufiger oder die Benutzerfreundlichkeit deutlich eingeschränkt im Vergleich mit guten Produkten.

▶ **Der richtige Ort:** Rauchmelder müssen mittig an der Zimmerdecke angebracht werden. Aber nicht im ganzen Haus! Die Melder gehören in alle Schlafzimmer und Kinderzimmer; auf Fluren, die als Rettungswege in Betracht kommen, müssen auch welche hängen. Die genaueren Details sind aber von Bundesland zu Bundesland unterschiedlich und werden in der jeweiligen Landesbauordnung geregelt.

▶ **Wer einbaut:** In der Regel ist es der Eigentümer, der für die Installation der Melder verantwortlich ist. Das bedeutet auch, dass man ihn als Mieter in die Wohnung lassen muss, wenn er Rauchmelder anbringen möchte. Ausnahme: In Mecklenburg-Vorpommern muss sich der Mieter um den Einbau kümmern. Wenn es in einem Bundesland nicht klar geregelt ist oder es unklar ist, ist es im Zweifel aber immer der Eigentümer, der die Installation übernimmt.

▶ **Wer für die Wartung zuständig ist:**
Regelmäßig muss geprüft werden, ob
die Öffnungen des Rauchmelders staub-
frei sind und ob der Alarm einwandfrei
funktioniert. Darum hat sich meist der
Bewohner zu kümmern, wenn der Eigentümer dies nicht freiwillig machen
sollte. In einigen Bundesländern ist zur
Wartung nichts vorgegeben; hier sollen
Mieter und Vermieter das unter sich klar
regeln. Wir empfehlen übrigens, dass
man die Wartung grundsätzlich von einem Fachmann durchführen lässt. So ist
man am besten abgesichert, sollten die
Rauchmelder bei einem Brand nicht so
funktionieren, wie sie eigentlich sollten.

▶ **Die Miete:** Der Einbau von Rauchmeldern ist ein legitimer Grund, die
Miete zu erhöhen. Dieses Plus darf aber
pro Jahr nur elf Prozent der Produkt-
und Einbaukosten betragen: Muss der
Vermieter pro Wohnung beispielsweise
200 Euro ausgeben, dann darf er jährlich nur 22 Euro mehr verlangen. Das
wären dann 1,83 Euro mehr pro Monat.

▶ **Rauchmelder für Hörgeschädigte:**
Es gibt auch Melder, die speziell für
Hörgeschädigte geeignet sind. Das Gute
ist: Gegenüber der Krankenkasse hat
man dann einen Anspruch „auf Ver-
sorgung mit einem ihren Bedürfnissen
angepassten Rauchwarnmeldesystem".
Dies wurde 2014 vom Bundesgerichts-
hof entschieden (Az. B 3 KR 8/13 R).

→ **Von der Stiftung Warentest
empfohlen**

Welche Rauchmelder wirklich etwas
taugen, hat die Stiftung Warentest
letztmalig 2016 überprüft. Testsieger
für einzelne Räume wurde Ei Electronics Ei650 für 26,50 Euro. Wer etwas mehr auf den Preis achten muss,
kann sich auch den Detectomat Hdv
Sensys sowie den baugleichen Gloria
Typ RWM-10 anschauen. Beide Produkte sind gut und kosten jeweils
20 Euro.

Möchten Sie mehrere Geräte per
Funk verknüpfen, empfiehlt die Stiftung Warentest den Ei Electronics
Ei650W mit Funkmodul Ei650M
(94 Euro) als auch den Hekatron Ge-
nius Plus X (90 Euro). Eine Funkverbindung ist dann praktisch, wenn Sie
in der Wohnung per Alarm erfahren
möchten, wenn es im Keller brennt.
Alle diese Produkte sind sehr gut gegen Fehlalarme gewappnet.

Doch wenn in einem Raum viel Staub
aufkommt (zum Beispiel in einem
Werkraum) oder Sie gerne Pfeife oder
Zigarre rauchen, dann ist ein Gerät
mit sehr geringem Fehlalarmrisiko geeignet. Hier sind der Pyrexx PX-1C
(Variante V3-Q) sowie der baugleiche
Abus RWM450 zu empfehlen. Beide
kosten etwa 80 Euro.

Die Natur wird immer unberechenbarer

Nicht alle Gefahren im Haus sind selbst verschuldet, etwa durch falsche Nutzung oder fehlende Sicherungen. Die Natur selber kann das traute Heim in Windeseile auf den Kopf stellen.

Die Elemente kann man nur schwer einschätzen, sie können aber verheerende Schäden anrichten. Ein Sturm beispielsweise kann bei höherer Windstärke das Dach abdecken und ein Hagelschauer die Fenster zersplittern lassen. Ein Erdrutsch kann das Fundament untergraben, während starke Regenfälle schnell für Hochwasser in den Kellern sorgen.

Die heftigsten Naturgefahren

Laut dem Gesamtverband der Deutschen Versicherungswirtschaft (GDV) lag 2015 der Schadenaufwand durch Naturgefahren bei knapp 1,9 Milliarden Euro. Diese Kosten teilten sich die verschiedenen Sachversicherungen wie beispielsweise Hausrat- und Wohngebäudeversicherung. Das sind 1,52 Millionen Fälle durch Hagel- und Sturmschäden (1,8 Mrd. Euro) sowie 30 000 Fälle durch weitere Elementarschäden wie Hochwasser (0,1 Mrd. Euro).

Starkregen ist wohl eine der übelsten Naturgefahren. Fällt in kurzer Zeit übermäßig viel Regen vom Himmel, kann das Wasser nicht mehr schnell genug im Boden versickern. Auch die Flusspegel können so sehr rasch ansteigen und die Flüsse über die Ufer treten und Brücken wegreißen.

> **Starkregen gehört zur meistunterschätzten Gefahr. Wenn es stark regnet, schaffen es die Entwässerungssysteme kaum, die Wassermassen abzutransportieren.**
>
> **Oliver Hauner,** Klimaexperte beim GDV

Wird ein Haus von einer Überschwemmung heimgesucht, dann kann man fast nichts dagegen tun. Ohne eine Grundsanierung sowie Neukauf der durchnässten Einrichtung ist ein normales Leben wie zuvor fast nicht möglich. Hinzu kommt, dass Hochwasser und schwere Stürme in ihrer Häufigkeit zunehmen: Während ein starkes Hochwasser früher etwa alle 50 Jahre stattfand, ergeben Studien, dass diese zukünftig sogar schon alle 25 Jahre auftreten können.

Wenn die Flut kommt

66 Prozent der deutschen Hausbesitzer sehen in Überschwemmungen keine Gefahr für ihr Haus. Dabei kann ein Starkregen schnell für einen verheerenden Abwasserrückstau sorgen.

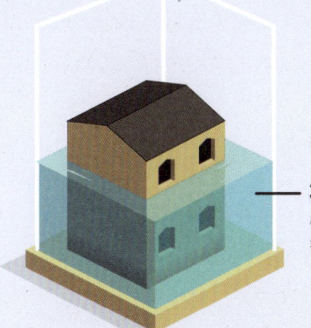

37 Prozent
aller Häuser in Deutschland
sind gegen Hochwasser versichert.

Map labels:
SCHLESWIG-HOLSTEIN 19 %
HAMBURG 16 %
BREMEN 15 %
MECKLENBURG-VORPOMMERN* 23 %
NIEDERSACHSEN 16 %
BERLIN* 27 %
BRANDENBURG* 30 %
NORDRHEIN-WESTFALEN 36 %
SACHSEN-ANHALT* 41 %
SACHSEN* 45 %
HESSEN 27 %
THÜRINGEN* 44 %
RHEINLAND-PFALZ 24 %
SAARLAND 17 %
BADEN-WÜRTTEMBERG 94 %
BAYERN 25 %

100 %
0 %

Elementarschadenversicherung

Anteil der Gebäude, die in den Bundesländern
gegen Elementarschäden versichert sind,
ohne reine Starkregenverträge

(Quelle: GDV, Schätzung für 2015)

Jährlicher Schadenaufwand durch Sturm, Hagel und Elementarereignisse

Sturm/Hagel, ab 1999 auch Elementar in
Milliarden Euro; hochgerechnet auf Bestand
und Niveau 2015 (Quelle: GDV)

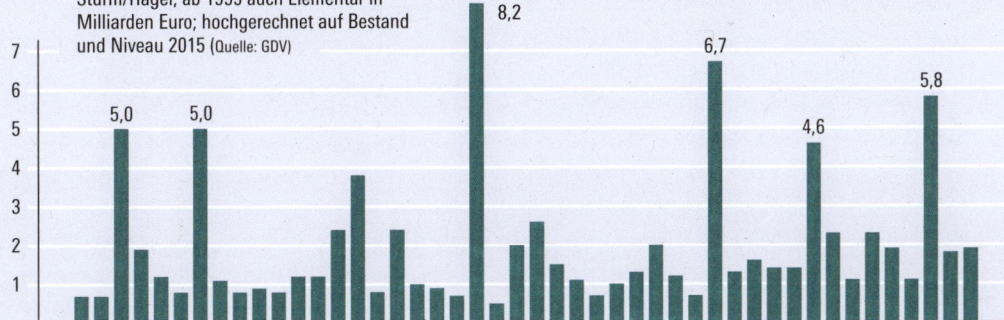

5,0   5,0   8,2   6,7   4,6   5,8

1970   1975   1980   1985   1990   1995   2000   2005   2010   2015

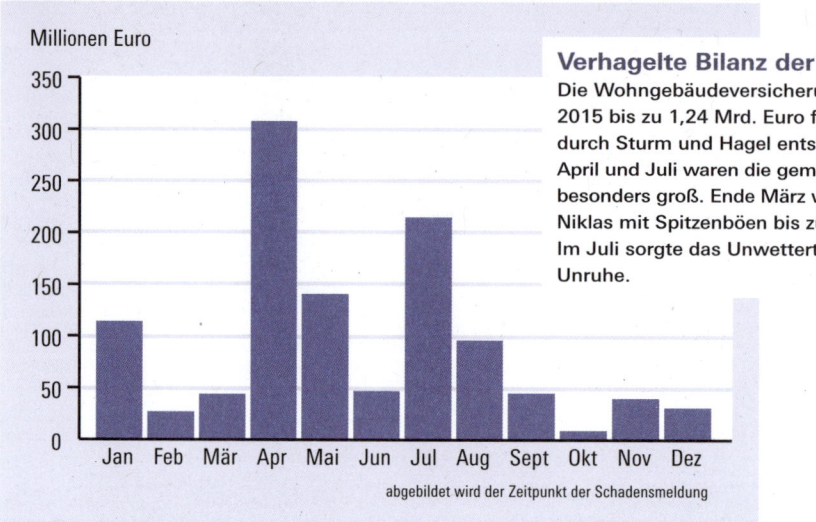

Monatlicher Schadenaufwand 2015 für Sturm/Hagel

Millionen Euro

Verhagelte Bilanz der Versicherer
Die Wohngebäudeversicherungen zahlten 2015 bis zu 1,24 Mrd. Euro für Schäden, die durch Sturm und Hagel entstanden sind. Im April und Juli waren die gemeldeten Schäden besonders groß. Ende März wütete der Orkan Niklas mit Spitzenböen bis zu 192 km/h. Im Juli sorgte das Unwettertief Siegfried für Unruhe.

abgebildet wird der Zeitpunkt der Schadensmeldung

Doch Starkregen und Hochwasser sind nicht die einzigen Gefahren, die Elementarschäden an Haus und Wohnung verursachen können. Hinzu kommen noch Lawinen, Erdbeben, Erdrutsche, Gewitter und Stürme sowie Hagel. Auch wenn diese Gefahren in manchen Regionen gar nicht, in anderen nur selten vorkommen: Ohne geeignete Versicherungen kann so in kurzer Zeit das ganze Hab und Gut verloren gehen.

→ Sind Sie gefährdet?

Möchten Sie sich informieren, wie gefährdet Ihr Zuhause ist, lohnt sich ein Besuch auf die Internetseite des GDV-Projekts www.kompass-naturge fahren.de. Derzeit werden aber erst einmal nur Adressen aus Niedersachsen, Sachsen, Sachsen-Anhalt und Berlin ausgewertet. Demnächst soll auch Thüringen hinzukommen. Möchten Sie zudem in Echtzeit über Unwettergefahren informiert werden, empfiehlt sich ein Blick auf www.unwetterzentrale.de (bundesweite Meldungen sind hier verfügbar).

Das Haus richtig absichern

Ein Wohnhaus ist kein Bunker oder Schutzraum. Hundertprozentig lässt sich kein Haus gegen Naturgewalten absichern. Dennoch muss man ein paar Vorsichtsmaßnahmen beachten sowie die Augen offen halten, um mögliche Schäden, soweit es geht, gering zu halten.

Vor allem ist da die Verkehrssicherungspflicht zu nennen: Grundstückseigentümer müssen dafür sorgen, dass am Haus vorbeigehende Passanten oder vorbeifahrende Autos und Motorräder nicht zu Schaden kommen können. Gerade dann, wenn ein starkes Unwetter wütet, ist die Gefahr groß, dass Äste aus dem Vorgarten auf den Bürgersteig oder die Straße fallen.

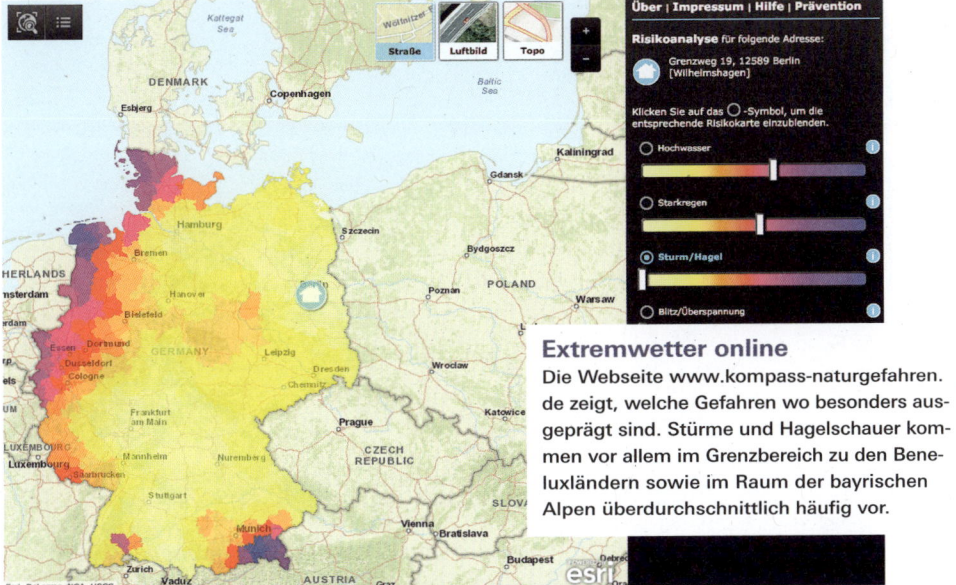

Extremwetter online

Die Webseite www.kompass-naturgefahren. de zeigt, welche Gefahren wo besonders ausgeprägt sind. Stürme und Hagelschauer kommen vor allem im Grenzbereich zu den Beneluxländern sowie im Raum der bayrischen Alpen überdurchschnittlich häufig vor.

Um das zu verhindern, sollen Ihnen die folgenden Tipps für Vorsichtsmaßnahmen rund ums eigene Haus etwas helfen.

▸ **Bäume:** Sie sollten erkennen, wenn ein Baum morsch ist oder Äste tot sind. Bei Unwetter könnten Äste oder schlimmstenfalls ganze Stämme abbrechen und auf die Straße fallen. Wenn ein Baum sehr morsch ist, stehen Sie in der Pflicht, diesen aus Sicherheitsgründen zu fällen.

▸ **Bauteile:** Überprüfen Sie regelmäßig, ob Dachziegel, Fassadenfliesen oder andere Bauteile des Hauses locker sind. Insbesondere nach starkem Wind oder einem Sturm müssen Sie Ihr Haus entsprechend begutachten, damit keine Steine oder andere Bauteile herunterfallen können.

▸ **Dachrinnen und Wasserrohre:** Begutachten Sie regelmäßig Dachrinnen und Fallrohre und befreien Sie sie von Dreck. Bei einem Starkregen sollten

diese möglich viel Wasser in die Kanalisation abführen können.

▸ **Fenster und Türen:** Gerade bei einem starken Sturm können manche Fenster und Türen so stark belastet werden, dass sie nicht mehr hundertprozentig dicht sind. Überprüfen Sie, ob dies der Fall ist. Ein altes Fenster, dessen Dichtung nicht mehr gut sitzt, kann schnell Ursache eines Wasserschadens werden. Ein gesprungenes Fensterglas muss natürlich sofort gesichert (Gewebeklebeband als Provisorium) werden; bei einem Sturm herunterfallende Glasscheiben können sehr viel Schaden anrichten.

▸ **Abwasserrohre:** Gegen starken Regen und Hochwasser hilft ein sogenanntes Rückstauventil oder eine Rückstauhebeanlage. Hierbei handelt es sich um Bauteile, die am Abwasserrohr zur Kanalisation hin angebracht werden. Sie verhindern, dass Abwasser den umgekehrten

Flutungsbereich
Sie wohnen in der Nähe eine Flusses? Lassen Sie sich anzeigen, wie sich bei Ihnen zu Hause Hochwasser verbreiten würde.

Weg fließen kann – beispielsweise dann, wenn das Abwassersystem der Stadt maßlos überlastet ist und Wasser wieder in die Häuser zurückdrängt. Ohne Rückstauventil oder eine Rückstauhebeanlage würde sonst das dreckige Abwasser in das Gebäude gedrückt werden und Wasserschäden in Kellerräumen, in Küche oder Bad verursachen.

▶ **Dachstabilität:** Dort, wo es viel schneit, muss sichergestellt werden, dass das Hausdach ausreichend gegen Schneedruck geschützt ist. Wenn sich Schnee ansammelt, kann er ein solches Gewicht erzeugen, dass das Dach unter der Last nachgibt. Bei starkem Schneefall kann das passieren; oder auch besonders bei einem Flachdach. Hier ist wichtig, dass man es bei zu viel Last räumt: Suchen Sie sich einen sicheren Standpunkt, von dem aus Sie ohne Gefahr den Schnee abtragen können. Damit der Schneedruck gleichmäßig abgebaut wird, soll-

ten Sie beide Dachseiten gleichmäßig räumen. Weitere Infos zum Thema bietet Ihnen das Bayerische Innenministerium an (mehr dazu auf Seite 141).

Finanzielle Unterstützung bei Katastrophen

Der beste Schutz, um das Haus gegen Naturkräfte abzusichern, sind aber nicht nur die genannten Vorsichtsmaßnahmen, sondern vor allem Versicherungen. Oder anders gesagt: Ein Hausbesitzer, der gänzlich auf Versicherungen verzichtet, lebt finanziell überaus gefährlich. Bei Naturkatastrophen kommt insbesondere die Wohngebäudeversicherung mit Elementarschutz zum Tragen. Worauf Sie hier zu achten haben, erfahren Sie im kommenden Kapitel.

Es sind jedoch nicht nur Versicherungen, die nach einer Naturkatastrophe finanziell helfen. Auch der Staat unterstützt Opfer von solchen Unglücken. Dieser ist zum Ersatz von privaten Schäden sogar verpflichtet.

Geregelt wird dies im sogenannten Aufbau-hilfefonds-Errichtungsgesetz.

Dennoch darf man sich nicht blind auf den Staat verlassen: Jeder ist für sein Hab und Gut vor allem selber verantwortlich – also auch für dessen Schutz. Doch nicht immer lässt sich das Eigenheim perfekt absichern. Leben Sie beispielsweise in einem Gebiet, das von Versicherungen als relativ risikoreich eingestuft wird, dann könnte es geschehen, dass die Versicherer die Anträge ablehnen. Oder aber es entstehen bei einer extrem starken Katastrophe Schäden, die von Versicherungen nicht abgedeckt werden. In solchen Fällen greift dann der Staat ein. Also: Ist der Schaden überaus groß und ließ sich das Haus nicht versichern, dann haben Sie Anspruch auf Hilfsleistungen aus dem Aufbauhilfefonds. Selbstverständlich darf der Schaden nicht von Ihnen selbst verschuldet worden sein, wenn Sie staatliche Unterstützung beanspruchen wollen.

→ Aufbauhilfefonds

Wie genau man Mittel aus dem Aufbauhilfefonds beantragt, erfährt man bei den jeweiligen Ländern. Die Bundesländer Brandenburg, Bayern, Sachsen und Sachsen-Anhalt bieten hierzu beispielsweise spezielle Infoportale im Web an, die bei der Beantragung helfen. Die Links zu diesen Portalen finden Sie auf Seite 141.

Hilfe

Adressen

**Allgemeine Informationen
zur Einbruchsprävention**
www.polizei-beratung.de
http://k-einbruch.de
www.zuhause-sicher.de/einbruchschutz
www.vds-home.de/einbruch-diebstahl
www.aktion-sicheres-wohnen.de

**Landeskriminalämter (zur Infor-
mation und Präventionsberatung)**
Bundespolizeipräsidium
Polizeiliche Kriminalprävention
Heinrich-Mann-Allee 103, 14473 Potsdam
Tel. 0331/97 99 70
Fax: 0331/979 971010
E-Mail: bpolp.referat.31@polizei.bund.de
www.bundespolizei.de

**Landeskriminalamt
Baden-Württemberg**
Polizeiliche Kriminalprävention
Taubenheimstraße 85, 70372 Stuttgart
Tel. 0711/54 0110
Fax: 0711/54 013455
E-Mail: praevention@polizei.bwl.de
www.polizei-bw.de

Bayerisches Landeskriminalamt
Polizeiliche Kriminalprävention
Maillingerstraße 15, 80636 München
Tel. 089/12120
Fax: 089/12124134
E-Mail: blka.sg513@polizei.bayern.de
www.polizei.bayern.de

Der Polizeipräsident in Berlin
Landeskriminalamt
Polizeiliche Kriminalprävention
Platz der Luftbrücke 5, 12101 Berlin
Tel. 030/4664979999
Fax: 030/466482297340
E-Mail: einbruchschutz@polizei.berlin.de
www.polizei.berlin.de

Polizeipräsidium Land Brandenburg
Polizeiliche Kriminalprävention
Kaiser-Friedrich-Str. 143, 14469 Potsdam
Tel. 0331/28302
Fax: 0331/2833152
E-Mail: polizeiliche.praevention@polizei.
brandenburg.de
www.internetwache.brandenburg.de

Polizei Bremen
Polizeiliche Kriminalprävention
Am Wall 195, 28195 Bremen
Tel. 0421/36219003
Fax: 0421/36219009
E-Mail: kriminalpraevention@polizei.
bremen.de
www.polizei.bremen.de

Landeskriminalamt Hamburg
Polizeiliche Kriminalprävention
Caffamacherreihe 4, 20355 Hamburg
Tel. 040/4286707777
Fax: 040/428670379
E-Mail: kriminalberatung@polizei.
hamburg.de
www.polizei.hamburg.de

Hessisches Landeskriminalamt
Polizeiliche Kriminalprävention
Hölderlinstraße 1–5, 65187 Wiesbaden
Tel. 0611/831609
Fax: 0611/831605
E-Mail: servicestelle.hlka@polizei.
hessen.de
www.polizei.hessen.de

Landeskriminalamt
Mecklenburg-Vorpommern
Polizeiliche Kriminalprävention
Retgendorfer Straße 9, 19067 Rampe
Tel. 03866/646111
Fax: 03866/646102
E-Mail: praevention@lka-mv.de
www.praevention-in-mv.de

Landeskriminalamt Niedersachsen
Polizeiliche Kriminalprävention
Am Waterlooplatz 11, 30169 Hannover
Tel. 0511/26262303
Fax: 0511/26262350
E-Mail: d32@lka.polizei.niedersachsen.de
www.polizei.niedersachsen.de

**Landeskriminalamt
Nordrhein-Westfalen**
Polizeiliche Kriminalprävention
Völklinger Straße 49, 40221 Düsseldorf
Tel. 0211/9393205
Fax: 0211/9393209
E-Mail: vorbeugung.lka@polizei.nrw.de
www.lka.nrw.de

**Landeskriminalamt
Rheinland-Pfalz**
Polizeiliche Kriminalprävention
Valenciaplatz 1–7, 55118 Mainz
Tel. 06131/650
Fax: 06131/652480
E-Mail: LKA.LS3.MA@polizei.rlp.de
www.polizei.rlp.de

Landespolizeipräsidium Saarland
Polizeiliche Kriminalprävention
Graf-Johann-Straße 25–29,
66121 Saarbrücken
Tel. 0681/9620
Fax: 0681/9622865
E-Mail: lpp246@polizei.slpol.de
www.saarland.de/polizei.htm

Landeskriminalamt Sachsen
Polizeiliche Kriminalprävention
Neuländer Straße 60, 01129 Dresden
Tel. 0351/8552309
Fax: 0351/8552390
E-Mail: praevention.lka@polizei.
sachsen.de
www.polizei.sachsen.de

Landeskriminalamt Sachsen-Anhalt
Polizeiliche Kriminalprävention
Lübecker Straße 53–63, 39124 Magdeburg
Tel. 0391/2502440
Fax: 0391/2503020
E-Mail: praevention.lka@polizei.sachsen-
anhalt.de
www.polizei.sachsen-anhalt.de

**Landespolizeiamt
Schleswig-Holstein**
Polizeiliche Kriminalprävention
Mühlenweg 166, 24116 Kiel
Tel. 0431/16065555
Fax: 0431/16061419
E-Mail: kiel.lpa141@polizei.landsh.de
www.polizei.schleswig-holstein.de

Landespolizeidirektion Thüringen
Polizeiliche Kriminalprävention
Andreasstraße 38, 99084 Erfurt
Tel. 0361/6623171
Fax: 0361/6623109
E-Mail: praevention.lpd@polizei.
thueringen.de
www.thueringen.de/th3/polizei

**Zertifizierte Produkte
und Handwerksbetriebe**
Liste aller geprüften und zertifizierten Produkte mit einbruchhemmender Wirkung
durch die Polizei Bayern:
www.polizei.bayern.de/schuetzenvor
beugen/beratung/technik/index.html

Von den LKAs anerkannte Handwerksbetriebe zum Einbau von einbruchhemmenden Produkten und zur Reparatur
beschädigter Türen, Fenster etc.:
**www.zuhause-sicher.de/beratung-
montage/handwerkersuche**

Förderungen für Einbruchschutz

Förderdatenbank des Bundesministeriums
für Wirtschaft und Energie
www.foerderdatenbank.de

Kreditanstalt für Wiederaufbau
www.kfw.de/inlandsfoerderung
Privatpersonen/Bestandsimmobilie/
Einbruchschutz
**https://public.kfw.de/zuschussportal-
web**

Heidelberger Schlossprämie
www.heidelberg.de
Suche nach „Schlossprämie"

SAB Sachsen
www.sab.sachsen.de

IFB Hamburg
www.ifbhh.de/wohnraum

NRW.Bank
**www.nrwbank.de/de/themen/wohnen/
0551_Wohnen_Einbruchschutz.html**

Staatliche Förderungen für Kata-
strophenschutz (Aufbauhilfefonds)

Das Aufbauhilfefonds-Errichtungsgesetz:
**www.gesetze-im-internet.de/bundes
recht/aufbhg/gesamt.pdf**

Brandenburg:
http://naturgefahren.brandenburg.de

Bayern:
**www.elementar-versichern.de/
staatliche-leistungen**

Sachsen:
**www.naturgefahren.sachsen.de/
richtlinie-elementarschaden.htm**

Sachsen-Anhalt:
**www.hochwasser.sachsen-anhalt.de/
wiederaufbauhilfe**

Hinweise zum Schutz
gegen Schneedruck

**www.stmi.bayern.de/assets/stmi/buw/
baurechtundtechnik/iib8_merkblatt_
der_naechste_winter_kommt_be-
stimmt_201211.pdf**

Checkliste Hausratversicherung

Mit unseren Listen bekommen Sie schnell einen Überblick über Ihren Hausrat. Auf den ersten fünf Seiten können Sie notieren, welche Werte Sie in Wohn- und Esszimmer, Schlaf-, Kinder- und Arbeitszimmer sowie Küche haben. Anschließend geht es weiter mit Flur/Diele, Bad, Hobbyraum, Keller, Speicher und Garage.

	Wohn- / Esszimmer	Schlaf- zimmer	Kinder- zimmer	Arbeits- zimmer	Küche
Möbel					
Einbauküche des Mieters (ohne Elektrogeräte)					
Schränke, Regale, Vitrinen					
Inhalt der Schränke, Regale und Vitrinen					
Tische, Stühle					
Sofas, Sessel					
Weitere Bücher, CDs, DVDs, Platten					
Weitere Töpfe, Gläser, Vasen, Porzellan, Besteck, Geschirr					
Weitere Bekleidung, Wäsche, Schuhe					
Betten inkl. Zubehör (Matratzen, Ober- betten, Bettwäsche)					
Hausbar					
Spiegel					
Lampen, Leuchten					

	Wohn- / Esszimmer	Schlaf- zimmer	Kinder- zimmer	Arbeits- zimmer	Küche
Teppiche, Bodenbelag (unverklebt)					
Vorhänge, Gardinen, Jalousien, Markisen					
Deko-Accessoires					
Haushaltsartikel					
Lebensmittel, Weine, Spirituosen					
Vorräte, Lebensmittel, Getränke					
Konserven, Eingemachtes					
Hausapotheke					
Kosmetika, Cremes, Make-up, Parfums					
Reinigungsgeräte / -mittel					
Elektrogeräte					
Fernseher					
Stereoanlage					
Radios					
Beamer					
DVD-Player					
Videogeräte					
Spielekonsolen					
Heimkinosysteme					

	Wohn- / Esszimmer	Schlaf- zimmer	Kinder- zimmer	Arbeits- zimmer	Küche
Telefon, Handys und Zubehör					
Fotoapparat, Filmausrüstung, sonstige optische Geräte					
Computer, Drucker, Bildschirm, Zubehör					
Kühl-/Gefrierschrank					
Herd, Backofen					
Geschirrspüler					
Mikrowelle					
Küchenmaschinen					
Kaffeemaschine / Espressomaschine					
Staubsauger, Nähmaschine					
Waschmaschine, Trockner					
Heizgeräte, Ventilatoren (nicht eingebaut)					
Weitere Elektrogeräte					
Wertsachen					
Bargeld, Kreditkarten					
Wertpapiere, Sparbriefe, Urkunden, Sparbücher					
Schmuck, Perlen, Gold, Silber, Platin, Edelsteine					

	Wohn- / Esszimmer	Schlaf- zimmer	Kinder- zimmer	Arbeits- zimmer	Küche
Münzen, Medaillen, Briefmarken					
Antiquitäten (>100 Jahre, ohne Möbel)					
Echte Teppiche, Gobelins					
Uhren (Wand-/Standuhren)					
Wandteppiche					
Kunstwerke ((Öl-)Gemälde, Aquarelle, Zeichnungen, Plastiken)					
Pelze					
Freizeit					
Musikinstrumente					
Sport- und Trimmgeräte					
Surf-, Snowboards					
Billardtisch					
Aquarien					
Campingausrüstung					
Koffer, Reisetaschen					
Fahrräder, Kinderwagen, Anhänger					
Elektrowerkzeug/Arbeitsgeräte					
Sonstige Werkzeuge					
Gartengeräte, Wäschespinne, Rollstühle					

	Wohn- / Esszimmer	Schlaf-zimmer	Kinder-zimmer	Arbeits-zimmer	Küche
Gartenmöbel mit Zubehör					
Jagdausrüstung, Waffen					
Haustier, Kleinvieh					
Fotos, Dias, Filme, Alben					
Spielsachen					
Sammlungen					
Modelleisenbahn					
Aquarien					
Antennenanlagen					
Sonstiges					
Armbanduhren (Keine Wertsachen)					
Farben und Tapeten					
Öfen, Kamine					
Heizmaterial, Strahler					
Eigener Gas- und Elektrozähler					
Fremdes Eigentum (geliehen, gemietet)					
Vom Mieter selbst erworbene Sachen (z. B. Badewanne, Teppichböden)					
Sonstige Gegenstände					

	Diele / Flur, Bad	Hobby-raum	Speicher / Keller	Garage (in Nähe)	Weitere Räume
Möbel					
Einbauküche des Mieters (ohne Elektrogeräte)					
Schränke, Regale, Vitrinen					
Inhalt der Schränke, Regale und Vitrinen					
Tische, Stühle					
Sofas, Sessel					
Weitere Bücher, CDs, DVDs, Platten					
Weitere Töpfe, Gläser, Vasen, Porzellan, Besteck, Geschirr					
Weitere Bekleidung, Wäsche, Schuhe					
Betten inkl. Zubehör (Matratzen, Oberbetten, Bettwäsche)					
Hausbar					
Spiegel					
Lampen, Leuchten					
Teppiche, Bodenbelag (unverklebt)					
Vorhänge, Gardinen, Jalousien, Markisen					
Deko-Accessoires					

	Diele/ Flur, Bad	Hobby- raum	Speicher/ Keller	Garage (in Nähe)	Weitere Räume
Haushaltsartikel					
Lebensmittel, Weine, Spirituosen					
Vorräte, Lebensmittel, Getränke					
Konserven, Eingemachtes					
Hausapotheke					
Kosmetika, Cremes, Make-up, Parfums					
Reinigungsgeräte/-mittel					
Elektrogeräte					
Fernseher					
Stereoanlage					
Radios					
Beamer					
DVD-Player					
Videogeräte					
Spielekonsolen					
Heimkinosysteme					
Telefon, Handys und Zubehör					
Fotoapparat, Filmausrüstung, sonstige optische Geräte					
Computer, Drucker, Bildschirm, Zubehör					

	Diele / Flur, Bad	Hobby- raum	Speicher / Keller	Garage (in Nähe)	Weitere Räume
Kühl- / Gefrierschrank					
Herd, Backofen					
Geschirrspüler					
Mikrowelle					
Küchenmaschinen					
Kaffeemaschine / Espressomaschine					
Staubsauger, Nähmaschine					
Waschmaschine, Trockner					
Heizgeräte, Ventilatoren (nicht eingebaut)					
Weitere Elektrogeräte					
Wertsachen					
Bargeld, Kreditkarten					
Wertpapiere, Sparbriefe, Urkunden, Sparbücher					
Schmuck, Perlen, Gold, Silber, Platin, Edelsteine					
Münzen, Medaillen, Briefmarken					
Antiquitäten (>100 Jahre, ohne Möbel)					
Echte Teppiche, Gobelins					
Uhren (Wand- / Standuhren)					

	Diele/ Flur, Bad	Hobby-raum	Speicher/ Keller	Garage (in Nähe)	Weitere Räume
Wandteppiche					
Kunstwerke ((Öl-)Gemälde, Aquarelle, Zeichnungen, Plastiken)					
Pelze					
Freizeit					
Musikinstrumente					
Sport- und Trimmgeräte					
Surf-, Snowboards					
Billardtisch					
Aquarien					
Campingausrüstung					
Koffer, Reisetaschen					
Fahrräder, Kinderwagen, Anhänger					
Elektrowerkzeug / Arbeitsgeräte					
Sonstige Werkzeuge					
Gartengeräte, Wäschespinne, Rollstühle					
Gartenmöbel mit Zubehör					
Jagdausrüstung, Waffen					
Haustier, Kleinvieh					
Fotos, Dias, Filme, Alben					

	Diele/ Flur, Bad	Hobby- raum	Speicher/ Keller	Garage (in Nähe)	Weitere Räume
Spielsachen					
Sammlungen					
Modelleisenbahn					
Aquarien					
Antennenanlagen					
Sonstiges					
Armbanduhren (Keine Wertsachen)					
Farben und Tapeten					
Öfen, Kamine					
Heizmaterial, Strahler					
Eigener Gas- und Elektrozähler					
Fremdes Eigentum (geliehen, gemietet)					
Vom Mieter selbst erworbene Sachen (z.B. Badewanne, Teppichböden)					
Sonstige Gegenstände					

152

Mehr Informationen

Allgemeine Infos

Wohnungseinbruch: Polizeiliche Ermittlungspraxis und justizielle Entscheidungen im Erkenntnisverfahren – www.kfn.de/wp-content/uploads/Forschungsberichte/FB_130.pdf

Polizeiliche Kriminalstatistik 2015 www.bmi.bund.de/SharedDocs/Downloads/DE/Broschueren/2016/pks-2015.pdf?__blob=publicationFile

Einbruch-Report 2016 der deutschen Versicherungswirtschaft www.gdv.de/wp-content/uploads/2016/05/Einbruch-Report_2016.pdf

Forschungsprojekt Wohnungseinbruchdiebstahl Zwischenbericht www.polizei.nrw.de/media/Dokumente/150825_Zwischenbericht_Forschungsprojekt_WED.pdf

Stichwortverzeichnis

Für Ihre Notizen

© **2017 Stiftung Warentest, Berlin**

Stiftung Warentest
Lützowplatz 11–13
10785 Berlin
Telefon 0 30 / 26 31–0
Fax 0 30 / 26 31–25 25
www.test.de
email@stiftung-warentest.de

USt-IdNr.: DE136725570

Vorstand: Hubertus Primus
Weitere Mitglieder der Geschäftsleitung:
Dr. Holger Brackemann, Daniel Gläser

Alle veröffentlichten Beiträge sind urheberrecht-
lich geschützt. Die Reproduktion – ganz oder in
Teilen – bedarf ungeachtet des Mediums der vor-
herigen schriftlichen Zustimmung des Verlags.
Alle übrigen Rechte bleiben vorbehalten.

Programmleitung: Niclas Dewitz

Autoren: Markus Fasse, Marius von der Forst
Projektleitung/Lektorat: Uwe Meilahn
Mitarbeit: Florian Ringwald
Korrektorat: Thomas Wieke, Berlin
Titelentwurf: Josephine Rank, Berlin
Layout: Büro Brendel, Berlin
Grafik, Satz, Bildredaktion: Florian Brendel
Infografiken/Diagramme: Florian Brendel (S. 15,
19, 101, 116, 125, 127, 133, 134); Kati Hammling
(S. 64); Stiftung Warentest/R. Reichelt (S. 47, 63,
87, 102); shutterstock (S. 4, 15, 127, 133)

Bildnachweis: Getty Images/Westend61 (Titel);
ABUS August Bremicker Söhne KG (S. 57, 59, 65,
71, 74, 81, 130); Belkin GmbH (S. 78); Facebook
Inc. (screenshot) (S. 32–34); Gesamtverband der
Deutschen Versicherungswirtschaft e. V. (screenshot) (S. 135, 136); Getty Images (S. 6, 39, 76);
HDI/Frank Wilde (S. 120); Icontrol Networks (S. 4,
84); imago stock&people GmbH (S. 21); Initiative
für aktiven Einbruchschutz „Nicht bei mir!" (S. 40,
70); innogy SE (S. 86); istockphoto (S. 26, 79, 84,
99, 109); mauritius images (S. 10, 90, 96, 110);
plainpicture (S. 22, 52); Programm Polizeiliche
Kriminalprävention Stuttgart (S. 18); Stefan Korte
(S. 56); Stiftung Warentest (S. 62, 67); thinkstock
(S. 5, 36, 42, 44, 49, 55, 58, 68, 75, 82, 122, 129);
Tobias Kleitsch, Köln (S. 60, 61, 71, 72); www.po
lizei-beratung.de (S. 30, 69)

Produktion: Vera Göring
Verlagsherstellung: Rita Brosius (Ltg.),
Susanne Beeh
Litho: tiff.any, Berlin
Druck: Media-Print Informationstechnologie
GmbH, Paderborn

ISBN: 978-3-86851-452-0

Wir haben für dieses Buch 100 % Recyclingpa-
pier und mineralölfreie Druckfarben verwendet.
Stiftung Warentest druckt ausschließlich in
Deutschland, weil hier hohe Umweltstandards
gelten und kurze Transportwege für geringe
CO_2-Emissionen sorgen. Auch die Weiterverar-
beitung erfolgt ausschließlich in Deutschland.